L'ENSEIGNEMENT

de la

LANGUE FRANÇAISE

Ce qu'il est — Ce qu'il devrait être

dans l'Enseignement primaire

par

FERDINAND BRUNOT

Professeur d'Histoire de la Langue française à l'Université de Paris.

COURS DE MÉTHODOLOGIE
professé à la Faculté des lettres de Paris
(1908-1909)
et recueilli par N. BONY, Inspecteur primaire.

Librairie Armand Colin

Paris, 5, rue de Mézières

L'ENSEIGNEMENT
de la
LANGUE FRANÇAISE

L'ENSEIGNEMEN
de la

LANGUE FRANÇAISE

Ce qu'il est — Ce qu'il devrait être
dans l'Enseignement primaire

par

FERDINAND BRUNOT
Professeur d'Histoire de la Langue française à l'Université de Paris.

COURS DE MÉTHODOLOGIE
professé à la Faculté des lettres de Paris
(1908-1909)
et recueilli par N. BONY, Inspecteur primaire.

Librairie Armand Colin
Paris, 5, rue de Mézières
1909

L'ENSEIGNEMENT
DE
LA LANGUE FRANÇAISE

CHAPITRE I

Les méthodes traditionnelles. Scepticisme justifié des meilleurs maîtres.

L'enseignement de la Grammaire est peu en faveur à l'heure actuelle.

Les instituteurs primaires avouent, à peu près universellement, que leurs élèves n'y prennent aucun intérêt. Sans doute, les enfants étudient et récitent leurs leçons, mais machinalement : ces règles abstraites, encombrées d'exceptions et de sous-exceptions, ne pénètrent pas réellement leur esprit; ils font, tant bien que mal, les devoirs écrits qui accompagnent ces règles dans leurs livres; mais on ne constate guère que cette étude, qui leur coûte tant de peine, ait une influence profonde, soit sur leur langage, soit sur leurs rédactions; des exercices immédiats d'application la correction ne s'étend pas à leur usage quotidien, comme elle le devrait.

Dans l'enseignement secondaire, bien des professeurs, que les études historiques ont éclairés sur la valeur réelle d'un grand nombre de règles, se refusent à consacrer leurs efforts à un enseignement qui leur semble ou funeste, ou au moins inutile. Ils manifestent même pour lui devant leurs élèves, déjà assez peu enthousiastes, un scepticisme élégant qui n'est que trop justifié.

Toutefois, si de nombreuses critiques ont été faites aux manuels en usage, il ne s'agissait jusqu'ici en général que de chicanes de détail, de protestations partielles du bon sens contre des pratiques vieillottes ou des règles saugrenues. Si bien que ces reproches ne parvenaient pas à émouvoir le personnel enseignant, parce qu'ils laissaient subsister l'ensemble de la doctrine et de la méthode. Aujourd'hui, c'est cet ensemble qui est mis, et qui doit être mis en question.

Car, si on se désintéresse de l'enseignement grammatical, si on le discute, si même, par endroits, maîtres et élèves l'abandonnent, ce n'est pas que personne s'avise de soutenir qu'il soit inutile de savoir, et de savoir bien le français. D'autres choses sont contestées : celle-là ne l'est point et ne peut pas l'être.

Ce que beaucoup se demandent, c'est si l'enseignement de la grammaire, tel qu'il est, mène au but que l'on se propose, et je crois qu'ils ont tout à fait raison de s'interroger et de douter, car, s'il y a une « crise du français », ce n'est pas qu'on enseigne trop peu de grammaire, c'est qu'on l'enseigne mal.

Abstractions incompréhensibles, définitions prétentieuses et néanmoins le plus souvent vides, règles fausses, énumérations indigestes, il n'y a qu'à feuilleter quelques pages d'un manuel pour trouver des spécimens variés de ces fautes contre la raison, la vérité et la pédagogie.

Rien n'est plus contraire, en effet, aux principes élémentaires de la science de l'éducation que cet appel à la mémoire rendu nécessaire par l'étude de formes mises bout à bout : « Les pronoms personnels sont : *je*, *me*, *moi*, *tu*, *te*, *toi*, etc... Les adjectifs possessifs sont : *mon*, *ton*, *son*, *notre*, *votre*, *leur*... » Encore ces kyrielles sont-elles courtes, possibles à apprendre, possibles à réciter : l'élève n'en tire rien; mais, du moins, elles se font accepter sans trop de peine par la mémoire. Il n'en est pas de même des interminables tableaux de conjugaisons, de cet océan de formes où l'enfant se débat pendant des mois, tour à tour écrivant, copiant, recopiant, récitant, énumérant; sans savoir à quoi sert tout ce matériel immense de temps et de modes aux noms baroques? Bienheureux les mécaniques, ceux qui savent parler et écrire sans comprendre! Le royaume du verbe est à eux!

Ailleurs, le mal est plus grave : on travaille non seulement sans la raison, mais contre elle. Comme le pronom s'appelle de ce nom malheureux, il faut que partout il remplace un nom. Et le pauvre Jean Bonhomme de se demander quel nom *je* peut bien remplacer, quand il dit : *Je* m'appelle Jean Bonhomme! Or, par un malencontreux hasard, *je* est justement le premier des pronoms, celui auquel s'applique tout d'abord la définition, car ce serait un scandale, n'est-ce pas, de ne pas commencer par la première personne? Voilà l'enfant tout de suite orienté! Et le chapitre se terminera, hélas! sans lui apporter d'éclaircissements. En effet, *quelqu'un*, *on*, sont des pronoms, tout comme *je*, et il est encore une fois tout à fait impossible de savoir de quel nom *personne* tient la place, quand le maître demande : Y a-t-il *quelqu'un* au tableau? et que la classe répond : Non, Monsieur, *personne*.

J'aurai l'occasion de vous montrer plus tard une série de règles contraires à la vérité des faits, impossibles, je ne dis pas à comprendre, mais à expliquer, quand on les a comprises. Prenons-en un seul exemple.

On enseigne à faire accorder le participe passé des verbes pronominaux, comme si ces verbes étaient conjugués avec *avoir*. Pour les « accidentellement pronominaux » la règle est : Il y a accord quand le complément direct précède le participe. L'enfant doit se demander si le complément pronominal est un complément direct ou indirect. Ex. : *Nous nous sommes attaqués à plus fort que nous*.

Pour savoir s'il faut une *s* à *attaqués*, puisque *s'attaquer* n'est pas un verbe « essentiellement pronominal », on considère le complément *nous*. Voilà l'enfant obligé d'examiner si *nous nous sommes attaqués à*... correspond à : *nous avons attaqué à nous à*... ou bien à : *nous avons attaqué nous à plus fort que nous;* il a à choisir entre deux phrases qui n'offrent ni l'une ni l'autre aucun sens.

Après avoir fait cette analyse, un élève intelligent ne pourra que reculer, en se disant qu'il se trompe, que *nous* ne peut pas être complément direct, que l'accord ne peut donc pas se faire. Or il ne fallait pas plus que ce raisonnement parfaitement sage pour faire mal coter une dictée, il y a quelques années!

Un autre défaut essentiel de la grammaire courante est d'être une perpétuelle méthode de classification. On ne cherche pas à comprendre, on étiquette.

Chacun sait avec quel soin les *noms* sont déjà répartis en classes. Ce ne sont point seulement les *noms propres* qui sont mis à part des *noms communs* — quelle erreur, en effet, si le nom « Parisien » allait être pris pour un nom commun! — mais les *concrets* sont séparés des *abstraits*, et il est interdit à « *des politesses* » d'aller voisiner avec « *la politesse* », qui est en compartiment réservé!

D'après les mêmes principes, les adjectifs sont divisés en deux espèces : *qualificatifs* et *déterminatifs*. On oublie seulement que le qualificatif détermine très souvent le nom auquel il se joint, et parfois le détermine avec autant de précision que n'importe quel déterminatif. Ex. : La classe *ouvrière*, la rive *droite* de la Seine.

Oh! ces classifications grammaticales! Quels modèles pour les autres sciences! Considérez les formes des verbes : on y reconnaît généralement quatre types de conjugaisons. Il est vrai qu'un certain nombre de verbes, comme *courir*, restent en dehors du tableau. Mais la règle ne s'embarrasse pas pour si peu! On fait deux alinéas.

§ 1. *Courir*, ayant l'infinitif en *ir*, appartient à la 2ᵉ conjugaison, type : *finir*.

§ 2. Ce verbe, malgré cela, n'a aucune des formes du verbe *finir;* c'est une exception !

Quand il s'agit de la « *nature des verbes* », les cloisons se multiplient et s'élèvent. Comment mêler un verbe « *substantif* » aux verbes « *attributifs* »? Que deviendraient les raisonnements métaphysiques sur le verbe qui exprime *l'être en soi* et *l'affirmation de l'être?* Le moyen de confondre verbes *d'état* et verbes *d'action*, alors que les uns sont séparés des autres par une différence de *nature!* Différence profonde, en effet, puisqu'aussitôt qu'on met le verbe « *il tue* » au passif, il cesse d'être un verbe d'action pour devenir un verbe d'état.

Cette rage de classification se traduit, du reste, en un résultat visible, indéniable. A quoi aboutit et doit aboutir, suivant les programmes d'examen, l'enseignement grammatical? Essentiellement à une dictée et à une analyse.

Laissons la dictée et l'orthographe, nous en reparlerons, mais regardons l' « analyse ». En voici des exemples pris aux examens, avec les corrigés empruntés aux journaux spéciaux :

I. — Phrase proposée à l'examen du brevet élémentaire : *Ils dormaient roulés en boule.*

Analyse : Cette phrase renferme deux propositions :

1° *Ils dormaient*, proposition principale ;
Sujet : *ils*,
Verbe : *étaient*,
Attribut : *dormant*.

2° (*Ils étaient*) *roulés en boule*, proposition principale elliptique ;
Sujet : *ils* (sous-entendu),
Verbe : *étaient* (sous-entendu),
Attribut : *roulés*, complété par : *en boule*.

(*Courrier des examens* du 5 janvier 1908, page 8.)

Ainsi toutes les propositions renferment un attribut : *dormaient = étaient dormant!* Un complément du sujet ou du verbe de l'unique proposition donnée devient une proposition, principale aussi, grâce à l'ingénieux artifice des sous-entendus.

II. — Autre exemple : *Une brise, qui venait du Rhin, faisait frissonner les arbres au bord de la route.*

Analyse : Cette phrase renferme trois propositions :

1° *Une brise faisait frissonner les arbres*, proposition principale ;
Sujet : *une brise*,
Verbe : *était*,
Attribut : *faisant*, complété par : *frissonner les arbres*.

2° *Qui venait du Rhin*, proposition incidente explicative;

Sujet : *qui*,

Verbe : *était*,

Attribut : *venant*, complété par : *du Rhin*.

3° (*Qui étaient situés*) *au bord de la route*, proposition incidente explicative, elliptique;

Sujet : *qui* (sous-entendu),

Verbe : *étaient* (sous-entendu),

Attribut : *situés* (sous-entendu), complété par : *au bord de la route*.

(*Courrier des examens* du 15 mars 1908, page 172.)

Ici, on arrive à ce tour de force de découvrir une proposition, dont tous les termes essentiels sont sous-entendus! et à faire compléter un mot qui n'existe pas! sans compter qu'on empêche totalement l'élève d'apercevoir la véritable fonction du complément : *au bord de la route!* lequel indique simplement, et sans l'aide d'aucun sous-entendu, où avait lieu l'action énoncée.

Ces deux exercices sont proposés comme des modèles, et ils présentent une sobriété relative dans le vocabulaire. Il y a donc mieux. Voici, en effet, le devoir d'une classe :

Nous ne trouvions aucun champ où la main du diligent laboureur ne fût imprimée; les ronces, les épines, et toutes les plantes qui occupent inutilement la terre, sont inconnues dans ce pays.

Analyse. Cette phrase renferme quatre propositions :

1° *Nous ne trouvions aucun champ*, proposition principale;
   Sujet : *nous*, simple et incomplexe,
   Verbe : *étions*,
   Attribut : *trouvant*, simple et complexe, ayant pour compléments : 1° *ne* (1), 2° *aucun champ*.

2° *où la main du diligent laboureur ne fût imprimée*, proposition subordonnée, reliée à *champ* par l'adverbe *où;*
   Sujet : *la main*, simple et complexe, ayant pour complément : *du diligent laboureur*,
   Verbe : *fût*,
   Attribut : *imprimée*, simple et complexe, ayant pour complément *ne!*

3° *les ronces, les épines et toutes les plantes sont inconnues dans ce pays;*
   Sujet : *les ronces, les épines, et toutes les plantes*, composé et complexe, parce que le dernier terme : *toutes les plantes*, a pour complément la proposition incidente : *qui occupent inutilement la terre*,
   Verbe : *sont*,
   Attribut : *inconnues*, simple et complexe,

ayant pour complément : *dans ce pays.*

4° *qui occupent inutilement la terre*, proposition subordonnée incidente, reliée à *plantes* par le pronom relatif *qui*;

Sujet : *qui*, simple et incomplexe,

Verbe : *sont*,

Attribut : *occupant*, simple et complexe, ayant pour compléments : 1° *inutilement*; 2° *la terre.*

Que dire de ce pathos, où reviennent constamment : *simple, complexe, incomplexe;* d'après lequel *ne* est un *complément*, au même titre que *aucun champ.*

Le même verbiage se remarquera dans l'analyse dite « grammaticale ». Voici un modèle : *Ils enlevèrent tout ce qui s'y trouvait.*

Tout, adjectif indéfini, masculin singulier, détermine *ce* (!!),

ce, pronom démonstratif, mis pour : *le matériel* (!) complément direct de *enlevèrent*,

qui, pronom relatif, ayant pour antécédent *ce*, 3me personne du singulier, sujet de *se trouvait*,

s', mis pour *se*, pronom personnel (?!), 3me personne du singulier, *complément direct* (?!) de *trouvait.*

(*Courrier des examens* de 1908, page 302.)

Que de beautés! Un mot *indéfini*, qui cependant

détermine! un pronom *ce*, qui, nécessairement, remplace un nom sous-entendu! et le pronom de « *se trouvait* », devenu *personnel*, et *complément direct!* Ce *matériel*, qu'on a imaginé, et qui finit par se trouver lui-même!!

Une immense pitié vous saisit en pensant aux centaines de mille enfants obligés de subir un enseignement fait de pareilles aberrations.

Il était impossible que des exercices aussi bizarres ne fissent pas réfléchir quelques instituteurs. Et l'on constate, en effet, même chez des maîtres peu avertis, une défiance et une hésitation croissantes. Beaucoup commencent à s'apercevoir qu'ils perdent un temps précieux à enseigner des subtilités ou de pures visions, et que toute cette logomachie déforme l'esprit, loin de le cultiver.

Mon premier devoir est d'encourager ces clairvoyants, et de leur dire ce que l'enseignement de la langue française *ne doit pas être.* Plus tard, nous en viendrons à des conseils plus positifs.

Je rapporterai ici, pour leur donner courage, le mot de mon collègue et ami Meillet, professeur de Grammaire comparée au Collège de France, un des plus éminents linguistes français contemporains. Un jour que je lui avais lu un des échantillons d'analyse ci-dessus, il me résuma son appréciation dans ce seul mot : « C'est de la démence »!

CHAPITRE II

Où l'État-Providence fait mine d'intervenir. — La simplification et l'unification des nomenclatures.

En 1906 eut lieu, au Musée pédagogique, à Paris, une série de conférences sur l'enseignement de la grammaire ancienne et moderne. L'une d'entre elles avait pour objet les nomenclatures grammaticales. M. Sudre, professeur au lycée Montaigne, montra avec une grande force qu'il était nécessaire et urgent d'unifier et de simplifier la nomenclature, et la réunion vota un vœu dans ce sens. M. le Recteur se laissa convaincre, et chargea une Commission d'étudier la question [1].

La Commission s'est mise bravement à l'œuvre. Un premier rapport, rédigé par M. Maquet, fut

1. Il est intéressant de constater que pareille entreprise était tentée en même temps à Berlin, professeurs et instituteurs souffrant en Allemagne du même malaise qu'en France. En Angleterre, un Comité, qui m'a fait l'honneur de me nommer correspondant pour la France, travaille également en ce moment à réduire et à unifier la terminologie.

transmis à l'autorité, qui demanda une révision du travail, révision nécessaire du reste. Aujourd'hui, après de laborieuses séances, l'œuvre est terminée. Un rapport, que j'ai fait en collaboration avec M. Maquet, est soumis à l'approbation ministérielle. Il a paru dans diverses revues, en particulier dans le *Volume* du 13 mars 1909, et dans la *Revue universitaire* du 15 avril 1909. Tous les instituteurs ont donc pu en prendre connaissance. Si le projet peut aboutir et recevoir la sanction du Conseil supérieur, un très grand progrès sera fait, et c'est pourquoi j'ai donné à la Commission tout mon concours, c'est pourquoi aussi je lui ai abandonné bien des théories et des observations qui m'étaient personnelles, avec autorisation de les faire siennes.

La nouvelle nomenclature se recommande à tous les maîtres soucieux de progrès. Ses choix sont bons, en général; ses exclusions méritent tous les éloges. Les mots prétentieux et inutiles : *verbe substantif*, *proposition complexe*, *incomplexe*, *directe*, *inverse*; les mots vagues, tels que *verbe neutre*, sources d'erreurs quotidiennes, disparaissent. *L'incidente explicative* et *l'incidente déterminative* vont cesser de se disputer les subordonnées.

Je dirai plus; parmi les mots qui restent, ceux qui sont mauvais perdent leur force nocive. Il est rappelé expressément qu'ils sont des *appellations*, et non des *définitions;* que *pronom*, par exemple, est une étiquette, et rien de plus, la commission n'acceptant pas que « le pronom soit un mot qui remplace le nom ».

Avec un peu plus de hardiesse, de meilleurs résultats encore eussent été obtenus, mais on ne pourra que se féliciter de voir entrer en usage des termes tels que *temps relatifs* ou *temps accomplis*. La préoccupation qu'on a eue de distinguer partout le *sens* et la *forme*, dissipera bien des confusions. Pour nommer comme pour observer, la forme est plus commode et plus sûre. Avec *passé simple* et *passé composé*, on est forcé de s'entendre. Au contraire, tant que : *je chantai* et *j'ai chanté* s'appelaient l'un *passé défini*, l'autre *passé indéfini*, ni maîtres ni enfants n'avaient grande chance de comprendre, car ces mots sont si obscurs que les grammairiens du XVIIIe, et même du XVIIe siècle, en faisaient souvent un usage absolument contraire à celui qui a été adopté depuis.

Pour ceux qui s'en tiendront au texte même, comme à un garde-fou, il y aura déjà grand avantage. De plus avisés liront entre les lignes, et trouveront dans les choix qui ont été faits des indications sur ce que doit être l'enseignement de la grammaire, aussi bien que sur ce qu'il ne doit pas être.

Mais il ne faut pas se faire d'illusions sur la

portée de cette réforme. L'unification est une bonne chose, nécessaire pour ramener l'ordre, cela est incontestable; mais elle a de graves inconvénients. Il y a des jours où il faut appeler une chose d'un nom, et d'autres où il faut l'appeler d'un autre nom.

Ainsi, pour caractériser une classe particulière de pronoms, on se sert indifféremment du mot *conjonctif* ou du mot *relatif*. La Commission garde ce dernier et condamne le premier, mais les deux mots disent-ils bien exactement la même chose?

Lorsqu'un pronom, comme *il*, *le*, *en*, *y*, qui tiennent la place d'un mot ou d'une idée exprimée précédemment, est employé dans une proposition, il la met en *relation* avec la proposition voisine, il peut être nommé pronom *relatif*. Mais dans :

L'enfant *qui* pleure;

Je désire une maison *qui* soit saine;

Il poussa la chaise *qui* tomba;

Je vois une femme *qui* passe; le pronom *qui* joue un autre rôle. Non seulement il remplace un nom exprimé précédemment, mais encore il joue le rôle, soit d'une conjonction de coordination, soit d'une conjonction de subordination; c'est donc bien un mot *conjonctif*, et il serait fâcheux qu'on ne pût plus le considérer sous cet aspect.

On hésite souvent entre les appellations de *participe passif* et de *participe passé*, appliquées à des formes verbales comme *blâmé*, *réjoui*, *mort*, etc. La Commission propose d'adopter exclusivement la dénomination de *participe passé*.

Or la forme dont il s'agit peut avoir le sens *passif*, et il est souvent très important de discerner si elle l'a. Ainsi on trouve un cadavre. Est-on en présence d'un homme *assassiné*, c'est-à-dire qui a subi la mort à lui donnée par un tiers (sens passif), ou d'un homme *mort* naturellement, qui a fini sa vie sans intervention d'un agent étranger (sens actif)? De même, un propriétaire trouve au départ de son locataire un carreau *cassé*. Ce carreau s'est-il cassé tout seul (sens actif)? a-t-il été cassé par quelqu'un (sens passif)? toute la question est là. On voit donc que *participe passif* est le nom qui convient dans certains cas, et que l'on ne peut lui en substituer aucun autre. Il n'y a même, ajouterai-je, que cette forme du participe passif qui puisse donner d'une façon claire l'idée du passif à l'enfant : va-t-il m'être interdit de prononcer ce mot, qui éclaire toute une question?

Évidemment non! Et ce n'est pas ce qu'a prétendu la Commission. Elle propose un *nom unique*, elle n'entend pas exclure les explications qui nécessiteront l'usage d'autres mots, sans lesquels on ne pourrait faire comprendre les faits. Cet exclusivisme gênerait l'enseignement au lieu de le faciliter. Il est à souhaiter que ceux qui mettront notre travail en circulaires usent de la même prudence. Que les pronoms relatifs n'aient plus que ce nom, soit! on peut faire ce sacrifice à l'entente, mais qu'il reste bien convenu que l'on pourra expliquer que les uns sont conjonctifs, que les autres ne le sont pas. Une *nomenclature* n'est pas une *terminologie*.

Pour la simplification, elle est très réelle; néanmoins il ne faudrait pas croire non plus que désormais tout va être clair, facile, et sans embûches. La nouvelle nomenclature garde un premier défaut essentiel : elle est faite avec de vieux termes, dont la plupart ne valent rien. Nous avons déjà parlé du pronom, passons au verbe, et regardons les temps. *Passé défini, passé indéfini* disparaissent, mais *imparfait, plus-que-parfait* subsistent, et d'autres aussi.

Personne n'a songé à toucher au terme *modes*, qui a un sens en ce qui concerne l'indicatif, l'impératif, etc., mais qui convient fort mal à l'infinitif, et pas du tout au participe.

Certains compléments continueront à s'appeler « circonstanciels ». La Commission elle-même avertit que ce mot n'a aucun sens précis, et laisse entendre que, dans une foule de cas, il n'est pas bon. Et, en effet, de trouver un mot qui convînt à tout ce qu'on met dans ce cadre, il n'y fallait pas songer. On n'eût guère pu trouver qu'un numéro, comme pour les avenues de New-York.

Admettons, du reste, qu'on ne se soit pas imposé comme règle d'employer, autant que possible, les mots traditionnels; eût-on travaillé dans du neuf, que des obstacles insurmontables eussent encore empêché de faire une classification véritable : les faits ne s'y prêtent pas.

1° *Chaque tour, chaque mot a plusieurs fonctions.* En histoire naturelle une plante n'est pas, tour à tour, d'une espèce ou d'une autre : une betterave est, et reste une betterave; supposez toutes sortes de variétés, elle ne sera jamais un chou.

Au contraire, un temps, un mode — par exemple un *futur* ou un *impératif* — ne seront jamais renfermés dans un rôle unique. Il y a des phrases où l'impératif ne commande ou ne demande rien du tout, ainsi : « *Faites* à cet homme une concession. Il vous en demande immédiatement une autre. » Cela veut dire : « Si vous lui faites une concession. » C'est un suppositif.

Le futur : « *Vous vous serez trompé* de ligne en regardant l'indicateur » n'est nullement relatif au futur : il s'agit d'un fait passé !

Or, toute forme grammaticale a ainsi des fonctions variées, souvent multiples. Si le nom qu'on lui donne ne signifiait rien, l'inconvénient serait minime : ainsi *subjonctif* est un mot excellent, parce qu'il n'a pas de sens pour l'enfant. Si ce nom se rapportait à la forme exclusivement, très bien encore! Ainsi *verbe pronominal* est parfait, parce qu'il ne préjuge rien quant à la fonction, et que « *je me repens* » a la forme pronominale, comme « *je me fatigue* ».

Mais il ne pouvait être question de refaire la liste des termes à employer, soit pour ne les rapporter plus qu'à la forme, soit pour leur ôter toute signification intrinsèque. Qu'eût-on pensé de ce sacrilège? Après notre travail, il reste donc dans la nomenclature un mélange où l'on a essayé de mettre autant d'ordre que possible, mais où le maître aura à démêler encore, ce qui lui demandera à la fois réflexion et connaissances.

Reprenons notre dernier exemple, celui du verbe pronominal. Le verbe « se passer » est pronominal, voilà qui va bien. Mais il faudra faire comprendre qu'il est tantôt *réciproque* :

« *Nous nous passons le journal l'un à l'autre*, »
tantôt *réfléchi indirect* :

« *Je me passe maintenant quelques fantaisies*, »
que, bien souvent, il n'est ni l'un ni l'autre :

« *Je me passe de la richesse.* »

(*Je me passe* a ici la valeur d'un transitif à complément indirect.)

« *Le temps se passe.* »

(*Se passe* a la valeur d'un intransitif subjectif).

« *La rivière se passe à gué.* »

(*Se passe* a la valeur d'un passif.)

Comment donc, et de quel droit, classer le verbe « *se passer* » dans une catégorie, l'appeler *réfléchi*, ou *réciproque*, ou de lui donner un seulement des noms auquel il a droit?

Or, la difficulté se représente et se représentera partout. A chaque instant, on rencontre des mots, des formes, qui, à une fonction centrale, essentielle, en ajoutent d'autres.

De marque combien de rapports : origine, dépendance, appartenance, etc. ! Et il y a bien des phrases où il n'en marque aucun : il essaie *de* parler; la ville *de* Paris; j'aime mieux me taire que *de* dire des sottises.

Dans quelle catégorie classer *l'un l'autre?* Dans la proposition : « ces deux frères s'aident *l'un l'autre* », cette locution marque clairement la réciprocité, et l'on est amené à ranger « l'un l'autre » dans les pronoms réciproques.

Mais quand on dit : « De ces deux frères, *l'un* s'est fait boucher, *l'autre* boulanger », l'idée de réciprocité n'existe plus; on aperçoit ici un sens distributif. Faudra-t-il donc reporter « l'un l'autre » aux noms distributifs?

Or voici une autre phrase : « *L'un* dit qu'on a vu des canaux dans Mars, *l'autre* prétend qu'on s'est fait illusion. »

Cette fois, on trouve encore un sens *distributif* : mais *l'un*, *l'autre* ne renvoient plus à des personnes désignées. Les mettra-t-on aux *indéfinis*?

La vérité des faits forcerait donc à placer l'expression « l'un l'autre » au moins dans trois catégories différentes! Et ainsi partout. On n'aura pas mis une forme dans un sac qu'il faudra l'en tirer pour la mettre dans un deuxième, où elle risquera de ne pas demeurer longtemps.

C'est pourquoi *toute nomenclature, quelle qu'elle soit, sera détestable, si elle est employée à étayer des définitions, ou à servir à des classements dans lesquels l'on s'imaginera pouvoir enfermer les faits.*

2° *La même fonction peut être remplie par des mots de classes différentes.*

Lorsqu'on dit : « J'ai *vingt*, j'ai *cent* raisons de le croire », on marque le nombre des raisons au moyen des mots *vingt* ou *cent*, qui peuvent exprimer soit le nombre exact de mes raisons, soit, et c'est le cas ici, un certain nombre de raisons, que je ne fixe pas exactement. Mais, essentiellement, « vingt » et « cent » sont des adjectifs numéraux.

Si l'on dit : « J'ai *plusieurs* raisons de le croire », on marque encore la quantité au moyen du mot

« *plusieurs* » qui n'est pas, à proprement parler, un adjectif numéral, et qui ne marque le nombre que d'une façon indéfinie : on fera donc de « plusieurs » un adjectif numéral indéfini !

Voici maintenant une expression équivalente : « J'ai *beaucoup* de raisons de le croire » ; *beaucoup* est incontestablement un adverbe, mais ici c'est un mot marquant le nombre.

Est-ce tout? Non. Qu'on se souvienne de toutes les autres expressions : « J'ai *une foule* de raisons de le croire » ; *la majorité* des gens le pensent, etc. Si l'on exclut ces expressions, et d'autres équivalentes, du chapitre des mots marquant le nombre, ce chapitre n'est-il pas incomplet et tronqué? D'autre part, mettre « *beaucoup* » ou bien « *majorité* » au chapitre des noms de nombre, cela est incompatible avec le système de classification et de nomenclature par « parties du discours ». *Beaucoup* est un *adverbe*, et *majorité* un nom. On ne peut rapprocher ces mots, de nature différente, que si l'on étudie d'ensemble la manière d'exprimer la quantité. Cela est possible sans doute, nous le verrons. Mais c'est de la *méthode*, et non de la *nomenclature*. C'est même une méthode assez opposée à la nomenclature.

La Commission l'a si bien senti qu'elle a abandonné quelques-uns des termes les plus chers à la grammaire usuelle, ainsi « *déterminatif* ». En effet, qui déterminera ce mot redoutable : *déterminatif?* Tout peut être, à l'occasion, déterminatif. L'adjectif « rouge » est évidemment un adjectif *qualificatif* marquant la couleur; mais, dans la phrase : « Monte du vin *rouge* » l'adjectif *rouge* détermine le vin à choisir, si la cave n'en contient que deux espèces, *du rouge* et *du blanc*.

On distingue, avec raison, en général, le complément *déterminatif* du complément *d'objet* du verbe. Mais supposons qu'un chasseur se voie menacé d'un procès-verbal, parce que le garde forestier le rencontre au moment où *il chasse*. « Pardon, observe le chasseur, *je chasse la bécasse.* » En ajoutant le complément d'objet direct : *la bécasse*, le chasseur *détermine* à ce point son action que, grâce à cette détermination, le délit n'existe plus, cette chasse spéciale étant, à ce moment, permise.

Comparez *le sentiment de mon erreur* (complément déterminatif) à *je sens mon erreur* (complément d'objet). Le rapport a-t-il changé? Si je dis : « J'espère *que vous viendrez* », la proposition « que vous viendrez » est un complément d'objet, sans doute, mais ne détermine-t-elle pas aussi mon espoir?

Il y a plus, et on pourrait soutenir ce paradoxe que parfois l'absence d'un complément donne à un verbe un sens plus précis que tous les compléments qu'on pourrait y joindre. « Je vous aime » est une déclaration d'amour. « Je vous aime beaucoup » est l'expression d'une affection beaucoup moins spécifiée, moins *déterminée*.

Dès lors, faudra t-il mettre ensemble tout ce qui est « *déterminatif* »? Une bonne part des compléments y passera, et il se fera à cet endroit un tel mélange de choses diverses que mieux vaut ne pas se servir d'un semblable terme.

Nous voici arrivés à une deuxième conclusion, à savoir que : *toute nomenclature grammaticale aura ce défaut, à peu près irrémédiable, de séparer souvent ce qu'il faudrait réunir*, et que, si elle veut réunir, elle embrouillera tout. Des mots tels que « *circonstanciel* » ou « *déterminatif* » en sont un frappant exemple.

CHAPITRE III

Où la même Providence ne se presse pas d'intervenir. La simplification de l'orthographe.

Si l'analyse stérile et verbale est un mal, encore est-ce un mal intermittent : l'orthographe, elle, est le fléau de tous les jours.

Il s'abat sur l'enfant dès les premières leçons de lecture, quand on lui fait apprendre que *eu* ou *œu* ou *œ* n'est qu'un son unique, le même que *e* (comparez : *neuf*, *bœuf*, *œil* à : donne *le*); il le poursuit alors qu'il s'en va de l'école, muni de son C. E. P., mais sachant désormais assez écrire pour se rendre compte qu'il se trompe à chaque instant.

L'enfant arrive d'ordinaire en classe joyeux et plein d'entrain : il ne demande pas mieux que d'apprendre à lire; mais ce qui serait si facile avec une orthographe raisonnable devient un casse-tête, grâce aux incohérences de l'orthographe académique.

Aujourd'hui, l'enfant apprend que la lettre *c* écrit le son *k : cave*, *école;* demain, il faut qu'il lui donne le son de *s : ceci*, *cela;* après-demain, il ne devra plus lui donner aucun son : *broc*. Un jour, il trouve le son consonne *s* écrit par une *s* : *savon*, *soir*; bientôt il le verra écrit par deux *ss* : *assuré*, puis par *sc* : *scie*, ensuite par *ç* : *façade*, par *ce* : *douceâtre*, par *x* : *soixante*, voire par *t* : *action*. Tantôt le maître lui fera lire *gu* avec la valeur de *g* + *u* : *aigu*, tantôt il devra se convaincre que le même groupe ne fait plus qu'un *g* : *bague*, mais qu'ailleurs il reprend un son double : *g* + *ü* : *aiguille*.

Le lundi, *ill* se prononce *i* + *l* : *ville;* le mardi, c'est *i* + *l* mouillée : *cheville;* le mercredi, encore du nouveau, c'est *l* mouillée toute seule : *paille*.

Quel début pour ce pauvre enfant! et quelle action délétère produit un exercice si déconcertant sur une intelligence neuve à laquelle, au bout de quelques leçons, tout apparaît incertain, contradictoire, chaotique!

Sans doute, l'ingéniosité des maîtres s'est appliquée à atténuer les funestes effets de ces contradictions, en ajournant autant que possible les exceptions les plus criantes, en écartant tant bien que mal les bizarreries, et ainsi, grâce à eux, se résout, malgré les difficultés, le problème de l'apprentissage de la lecture.

Mais à quel résultat réel arrive-t-on? C'est là une question à laquelle les gens compétents n'osent pas toujours répondre franchement, de peur de révéler une situation affligeante. Sauf d'heureuses exceptions, les enfants, lorsqu'ils quittent l'école primaire, n'en ont pas encore fini avec ces difficultés matérielles de lecture : elles ne leur permettent pas d'avoir la liberté d'esprit nécessaire pour s'appliquer tout entiers aux idées que renferme le texte, pour y goûter un plaisir sans peine : ils *déchiffrent*, ils ne *lisent* pas, à proprement parler. En d'autres termes, l'école n'amène pas tous ceux qui la fréquentent au point où ils aimeraient la lecture et s'en feraient une habitude pour la vie. Dès lors, ils sont presque fatalement condamnés à oublier ce qu'ils ont appris en classe; et lorsqu'ils sont obligés de prendre connaissance de quelque écrit, lorsqu'ils veulent parcourir un journal, ils n'en comprennent pas complètement le sens, et écorchent la moitié des mots.

Admettons cependant que l'enfant arrive à lire convenablement; reste à savoir écrire correctement, travail énorme, qui absorbe inutilement la meilleure partie du temps de la scolarité. Un seul exemple permettra de comprendre pourquoi et comment.

S'agit-il d'apprendre à écrire la voyelle nasale *an?* elle est rendue par *an*, dans *pan*, *tan*, *van;* mais d'abord, dans beaucoup d'autres mots, il faut ajouter une ou plusieurs lettres nulles dans la prononciation : *banc*, *grand*, *sang*, *dans*, *gant*.

Ailleurs il faut substituer une *m* à *n* : *camper*, *camp;* ou bien faire suivre l'*a* d'un *o* : *faon*, *paon*.

De nombreux mots écrivent *an* par *en* : *ventre;* par *em* : *membre;* par *ent* : *vent*. Et quand l'élève se sera accoutumé à mettre *ent* dans les mots où ces lettres se prononcent *an*, il devra apprendre à les mettre dans des mots où elles se prononcent *in* : il *vient;* et même dans des mots où elles ne se prononcent pas du tout : ils *lient* une gerbe. Bref, pour *an* il y a dix-huit graphies! sans compter *Jean* et *Caen*. Pour *on* douze, pour *in* vingt-trois!

Afin de vaincre plus rapidement ces difficultés et d'autres semblables, les instituteurs imaginent des expédients qui ne sont pas tous sans danger. Les uns, en dictant un texte, font sonner des lettres qui ne doivent pas sonner : une bo*n*-*ne* a*f*-*f*aire, une scul-*p*-ture, le respe-*c*-t, je jet-*te*-rai; les autres découpent en syllabes les mots à écrire, en marquant chacune d'un accent tonique : *je* (jeu) *jou-e-*(*eu*)*-rai*, de telle sorte que peu à peu ils faussent la prononciation de leurs élèves, et même la leur : ils font un français artificiel et barbare, qui n'existe pas, et ainsi la nécessité d'enseigner l'orthographe les conduit à la déformation de la langue. Pour apprendre à *bien écrire*, l'enfant s'habitue, à l'école même, à *mal parler*.

D'autre part, cette application constante à écrire

sans faute, ce souci exclusif de la forme extérieure, fait négliger tout ce qui devrait être l'enseignement de la langue.

Voici plus grave encore. Comme le maître ne peut presque jamais rendre raison des règles orthographiques qu'il enseigne, qu'il ne peut que faire constater à chaque pas des faits injustifiés et incohérents, il est obligé d'imposer un tel enseignement, d'habituer son élève à accepter sans répugnance les choses les plus incompréhensibles ou les plus visiblement absurdes, et cela est abêtissant et contre-éducatif.

Or c'est là l'enseignement que beaucoup prennent pour l'enseignement de la langue. Ils sont excusables sans doute : de plus grands qu'eux tombent dans la même confusion. Mais cette confusion, peu grave, si elle ne fait que tromper les lecteurs d'un journal, devient désastreuse quand elle égare examinateurs et professeurs, et les amène à passer à côté de leur devoir, à se tromper de rôle ! Professeurs de langue, ils se résignent à n'être que des maîtres d'écriture !

A ce mal il y a un remède : c'est que l'État enseigne une orthographe simplifiée et plus rationnelle. La question est à l'ordre du jour depuis quelque temps. Malheureusement elle n'est pas près d'être résolue. D'abord nul n'a même proposé d'aller jusqu'à la réforme profonde, radicale, qui supprimerait pour toujours la question orthographique, en ne gardant *qu'un signe pour un son, qu'un son pour un signe.* La science seule vraisemblablement aura cette audace. Quand, au téléphone et au télégraphe, elle ajoutera le téléphonographe, instrument indispensable, dans lequel on parlera, et qui à des centaines de kilomètres, avec ou sans fil, écrira la voix, s'il l'écrit comme le télégraphe, il n'y aura plus de question : il faudra ou lire ce qu'il écrira, c'est-à-dire les sons et rien que les sons, ou se passer d'un instrument qui rendra ailleurs d'immenses services. La chimère de l'orthographe phonétique sera devenue une réalité, d'usage quotidien.

La première Commission nommée par le Ministre, au nom de laquelle M. P. Meyer a fait un rapport, ne proposait qu'un assez petit nombre de réformes; le projet a été considéré comme subversif.

Une deuxième Commission, chargée de préparer un arrêté édulcoré, succéda à la première. Elle se contenta de demander quelques changements, les plus universellement reconnus nécessaires. C'était encore trop! Le Ministre a couvert de fleurs notre œuvre, et a déclaré, — peut-être sans avoir lu mon rapport, ce serait son excuse, — qu'il ne voulait point mettre en discussion un pareil bouleversement.

En réalité, l'Administration a reculé devant un

prétendu mouvement d'opinion. Ce mouvement, plus apparent que réel, a été créé d'abord par les gens qui ont l'horreur de tout changement, ensuite par d'autres qui professent hautement que l'orthographe doit *servir à empêcher l'instruction primaire de se développer dans certains sens.* Pendant qu'ils apprennent à écrire, les enfants, pense-t-on, ne font ni histoire, ni morale, ni autres choses dangereuses.

Ma pensée n'est pas que le Gouvernement partage cette façon de voir. Il a d'abord été effrayé par l'opposition d'un certain nombre de gens de lettres, qui ont confondu *langue* et *orthographe*, et qui prétendent que toucher à l'une, c'est bouleverser l'autre. Suivant le mot de l'un d'entre eux : « *Orthographe sans* h *fait grincer l'œil* ». Cette charmante nouveauté d'expression : « Un œil qui grince », ne porte pas atteinte à la langue, elle est permise. Mais retrancher *h* à *ortho*, comme cela a été fait mille fois, dans une foule de textes classiques, voilà le crime contre la beauté et l'esthétique !

Les libraires et imprimeurs ont fait d'autres objections, beaucoup plus graves, et qui seraient tout à fait justes, s'il s'agissait de modifier l'usage du jour au lendemain, et non pas d'enseigner l'orthographe nouvelle aux seuls enfants, c'est-à-dire en donnant quinze ans au moins à la librairie pour écouler les stocks et prendre de nouvelles habitudes.

Mais si dans ce débat, le Ministre n'a point manifesté d'opinion, c'est surtout qu'il n'en avait pas; il n'a pas compris l'intérêt de la réforme pour l'école populaire. Peut-être accordera-t-il aux vœux répétés du Conseil supérieur des changements anodins qu'il a fait, cette fois, préparer dans le secret de ses bureaux. Ce sera, si la ténacité du Conseil finit par triompher, un diminutif des modifications proposées jadis par le Recteur Gréard à l'Académie, c'est-à-dire une simili-réforme, destinée à faire taire ceux qui réclament, non à guérir le mal dont nous venons de parler. Les pédagogues n'ont aucune amélioration sérieuse à attendre, pour le moment, de ce côté, surtout si les simplifications ne sont que *tolérées*, comme les simplifications de l'arrêté de 1901. Les maîtres, n'étant pas sûrs que les tolérances sont réelles, n'oseront pas s'en servir. Ce ne sera qu'une apparence.

Y a-t-il quelque autre moyen de diminuer le mal? On en a déjà timidement essayé un. Depuis 1901, on a ajouté à l'épreuve de la dictée d'orthographe donnée à l'examen du brevet élémentaire des questions (cinq au maximum), relatives à l'intelligence du texte (définition du sens d'un mot, d'une expression ou d'une phrase, analyse d'un mot ou d'une proposition). Cette deuxième partie de l'épreuve, qui doit être compensatoire, est cotée de 0 à 10, comme la dictée elle-même. Une réforme semblable a été opérée en 1903 à l'examen du certificat d'études primaires élémentaires. C'est un progrès, un grand progrès !

Mais, jusqu'à présent, la note relative aux questions d'intelligence reste le plus souvent très basse, car les candidats et leurs maîtres continuent à ne pas compter sur ces points-là, ils travaillent à avoir une bonne épreuve d'orthographe, qui assure la réussite à l'examen. La réforme n'a pas produit les bienfaits qu'on pouvait en attendre.

Aussi a-t-on demandé de diminuer encore le coefficient de l'orthographe à l'examen, et de réduire dans les classes le temps qui est consacré à l'enseigner. Mais cela est plus facile à proposer qu'à réaliser. Supposons que le maître ne soit plus jugé sur la dictée de ses élèves, supposons qu'il lui soit prescrit de diminuer les heures attribuées à l'étude spéciale de l'orthographe. Admettons qu'on soit d'accord pour négliger, dans tous les devoirs écrits, la correction matérielle, qu'il s'agisse d'une rédaction ou d'une composition d'histoire. Voilà un grand bienfait, sans doute ; désormais on ne perdra plus à remettre des lettres inutiles le temps qui doit être consacré à des enseignements de fond. Mais jusqu'où est-on décidé à aller dans cette voie ? Quelques-uns ont demandé la suppression de la dictée d'orthographe aux divers examens. Actuelle-la dictée est l'épreuve fondamentale de tous les examens élémentaires, la mesure commune à laquelle tous les Français et Françaises sont toisés, pesés et jugés, après quoi des hommes compétents prononcent si les candidats peuvent devenir élèves-jardiniers, ou sages-femmes, ou employés de magasin! Demander la suppression de la dictée, c'est demander la Révolution. Nous n'en sommes pas là!

Accordons tout de même qu'on parvienne à l'obtenir. Il y aura, malgré tout, des épreuves écrites dans les examens. Est-on disposé à laisser à l'élève la liberté d'orthographier (si j'ose encore me servir de ce mot) les mots à son gré? Quel gâchis!

Sans indications précises, sans guide qui leur dise comment distinguer, l'instituteur et l'élève auront à voir par eux-mêmes ce qu'il faut rejeter de l'orthographe actuelle et ce qu'il faut en conserver. Un village fera à sa façon, le village voisin à la sienne. Nous voilà retournés à la barbarie dont il a fallu des siècles d'efforts pour sortir, et qui empêchait les mieux disposés d'employer le français dans leurs écrits. Il faut ignorer les éléments mêmes de l'histoire de notre langue pour émettre de semblables propositions.

Et qu'espère-t-on, du reste, que produirait cette

anarchie? Une simplification? Est-ce certain? Est-il bien sûr que l'on écrira *tablau* comme *tuyau*, *joyau*, et non pas l'inverse? L'expérience montre que les personnes qui n'ont pas appris à fond l'orthographe ne retiennent qu'une chose : c'est qu'il faut charger les mots de lettres inutiles, et elles se font une orthographe plus compliquée encore que celle qui est en usage.

Ajoutons que dans l'intervalle, pendant que cette liberté devrait faire son œuvre merveilleuse, peu de gens accepteraient ce dédain, subitement recommandé, de toute règle orthographique. Il y aurait des écoles qui continueraient à enseigner avec soin l'orthographe, en vue d'obtenir pour leurs élèves les emplois du commerce ou de l'industrie. Car, du moment qu'une orthographe correcte continuerait d'exister, même si l'État cessait d'en exiger la connaissance aux examens, toute une catégorie de personnes persisteraient, ou pourraient persister à vouloir qu'on la respecte dans leurs affaires. Peut-être même dans un certain monde l'estimerait-on davantage, parce qu'elle ne serait plus la chose de tous; on verrait se former dans la société une classe à part, « *l'aristocratie de l'orthographe* ». Il se constituerait un mandarinat! Ce n'est pas là ce que peut se proposer une démocratie comme la nôtre.

Il ne faut donc pas nous leurrer. Tant que l'orthographe officielle n'aura pas été réformée — et seul l'État, qui a la garde des grands intérêts communs, peut entreprendre cette réforme, comme il l'a fait dans les pays étrangers : Allemagne, Brésil, Norvège, Serbie — élèves et maîtres porteront le fardeau. On prétendra le leur alléger. Quelques maigres tolérances n'empêcheront pas tout l'enseignement de pâtir, celui de la langue d'abord, parce que le préjugé restera qu'*enseigner l'orthographe, c'est enseigner la langue*, ce qui est la pire des erreurs!

CHAPITRE IV

Les origines du mal. — Comment nous avons payé cher le mot du XVIIIe siècle : « Les Français sont les grammairiens de l'Europe ».

Nous avons hérité de l'antiquité et du moyen âge cette idée que les langues s'enseignaient théoriquement par règles et par chapitres, en récitant des formules et des exemples.

Comment les premiers auteurs de grammaires françaises se seraient-ils défaits de ce préjugé, alors qu'ils ne croyaient pas pouvoir mieux faire que d'introduire, de gré ou de force, la langue vulgaire dans les cadres de la grammaire latine? Il leur fallut un siècle déjà pour oser seulement s'apercevoir qu'à une langue nouvelle certaines théories anciennes ne pouvaient en aucune façon s'appliquer.

Mais, somme toute, autour de 1650, après Vaugelas, un grand progrès était fait : *la règle du français se fondait sur l'usage*, un usage étroit, observé dans les seuls salons de Paris, mais enfin qui était tout de même l'usage de quelques-uns.

Bientôt une erreur grave s'accréditait. Aristote et l'école stoïcienne avaient déjà professé que les études de grammaire étaient en corrélation étroite avec les études de logique. Et dès le XVIe siècle, un des plus grands savants de la Renaissance, Scaliger, appliquait ces idées, en étudiant *les causes* de la langue latine (1540). Le jésuite Sanchez, esprit si ouvert d'ailleurs, avait composé une *Grammaire philosophique*. L'idée s'affirma, elle prit corps dans le célèbre livre de Port-Royal, qu'Arnauld et Lancelot donnèrent sous le nom de *Grammaire générale et raisonnée* (1660).

Sans rien innover quant aux règles de l'usage, qu'ils acceptaient docilement de Vaugelas, les deux auteurs prétendirent justifier ces règles par des considérations logiques. *Art de penser, art de parler*, ces deux choses furent associées étroitement, comme les deux faces d'une étude commune ! Grammaire et Logique furent définitivement proclamées sœurs !

Un siècle tel que le XVIIIe, tout épris de raison, ne pouvait pas manquer d'embrasser pareille doctrine. La *Grammaire* de Port-Royal, rééditée, augmentée, commentée, devint un modèle et un exemple. Dumarsais, dans ses articles de l'*Encyclopédie*, Beauzée, dans sa *Grammaire générale*, Restaut, Wailly, Diderot, Turgot, d'Holbach, avec des systèmes différents, sont animés du même esprit. Analyser les faits, les fonder en raison, parfois directement, parfois en les rapportant à une langue idéale, construite de toutes pièces, d'après les règles et les besoins de l'esprit humain, voilà à quoi ils s'attachent, et non à observer les faits eux-mêmes, tels que la vie de la langue les présente.

Condillac a bien quelques vues un peu différentes. Dans ses livres abondent les idées justes; il n'est point esclave de la nomenclature : il fera, par exemple, sur la dénomination des temps du verbe des critiques très judicieuses. Néanmoins, plus que personne, il considère la grammaire comme une partie de l'art de penser; mieux que cela, elle est à ses yeux l'instrument qui fait la science. N'est-elle pas de lui cette définition célèbre : « *Une science est une langue bien faite* »?

Dans ces conditions, on imagine facilement que rien ne coûte à ces créateurs de systèmes pour arranger, expliquer, justifier. Si dans : « *J'ai habillé* mes troupes », le mot *habillé* est invariable, c'est qu'il est un nom abstrait et métaphysique (!?), pris dans un sens actif, comme *honte* dans : « J'ai *honte* », tandis que *ai* n'est pas un auxiliaire, mais une forme du verbe employée dans cette phrase par catachrèse (!?) » Au contraire, dans « *les troupes sont habillées* » on a affaire à un pur adjectif (Dumarsais : *Encyclopédie*, au mot Auxiliaire ; comp. : Condillac, *Grammaire*, 329).

Et c'est de là que date la funeste habitude de chercher partout des propositions, et, au besoin, pour en inventer, d'imaginer des termes *sous-entendus*, qu'on restitue, grâce auxquels on redonne aux formes du langage leur aspect « régulier ».

Les gens de la Révolution française étaient pénétrés de cet esprit de la Grammaire générale. Dans chaque École centrale, on créa une chaire où la *Grammaire générale* serait enseignée. L'idéologie était la philosophie du temps. De plus en plus, ces spéculations et ces rêveries prennent la place des recherches véritables, la grammaire philosophique se perd dans les nues.

Un seul exemple. Je le prends à Domergue, qui donne (*Gr.*, p. 77) comme modèle d'analyse du vers suivant :

> Hélas! petits moutons, que vous êtes heureux!
>
> (Mme Deshoulières.)

l'étrange décomposition que voici :

1re proposition : *Hélas!* mis pour : *je suis malheureux;*

2me proposition : *J'admire ceci*, proposition sous-entendue ;

3me proposition : *Vous, petits moutons, êtes heureux à un haut degré.*

Naturellement, chacune de ces propositions contient les trois termes essentiels, appelés en la circonstance : *judicant* (sujet), *judicateur* (verbe), *judicat* (attribut). Voilà comment l'esprit d'analyse est poussé jusqu'au délire par Domergue, qui était cependant un sage, si on le compare à certains contemporains. Et, ce qui est presque touchant, à force de naïveté, c'est que ces analyses de la pensée lui paraissent la condition nécessaire de toute jouissance esthétique ! Ce n'est que « parce que des vers se plient régulièrement à cette décomposition qu'ils doivent être trouvés beaux, et qu'ils peuvent procurer un plaisir délicat » !

Même la *Grammaire comparée*, qui naît alors, et qui devait prendre un si bel essor scientifique, ne dégoûte pas des idées régnantes les théoriciens : on en a la preuve par l'influence que ces idées exercent sur l'un des plus grands savants de l'époque, Sylvestre de Sacy, qui savait l'allemand, l'anglais, l'italien, l'espagnol, les langues classiques, les langues sémitiques, et qui fut le fondateur de l'étude des langues asiatiques en France.

Ce linguiste a écrit pour son fils des *Principes de Grammaire générale mis à la portée des enfants*, ouvrage admirable de simplicité, et souvent de justesse. Mais, pas plus que ses devanciers, de Sacy n'a su échapper à l'analyse artificielle qui fait de « *je joue* » l'équivalent de « *je suis jouant* », ou qui accumule les distinctions subtiles, et suppose des termes non exprimés. Lui aussi entend qu'un terme soit rigoureusement qualifié de *complexe* ou d'*incomplexe;* lui aussi veut qu'on distingue le sujet *simple* du sujet *composé*. Lui aussi explique que le sujet est simple, malgré le pluriel du verbe, dans : « *l'amour de la vertu et la haine du vice sont inséparables* ».

Par les ravages que la Grammaire générale avait faits sur ce grand esprit, on peut juger de ce que fut son influence sur de simples metteurs en œuvre, par exemple sur MM. Noël et Chapsal (1824), les auteurs d'une *Grammaire* à peu près universellement adoptée pendant un demi-siècle, et qui a été, en fait de langue française, la Bible de plusieurs générations d'écoliers. Dans leur préface, les auteurs annoncent hautement leur intention de ramener les principes de la grammaire française à ceux de la grammaire générale. Dans un ouvrage de format modeste, et, à certains égards, fort bien fait, ils ont introduit toutes les théories alors courantes, toutes les fantaisies d'analyse auxquelles ces théories conduisent : un seul verbe exprime l'affirmation, c'est *être;* tout autre verbe renferme en lui le verbe *être;* toute proposition doit être ramenée à trois termes, en sous-entendant ceux qu'il faut, et, au besoin, en les sous-entendant tous. Dans « *ils sont tels que nous* » entendez : *tels que nous sommes tels.* Dans « *je suis dans l'erreur,* » suppléez *tombé;* etc. Les interjections mêmes se plient à cette décomposition : *ah!* s'analyse par : « je suis étonné »; « *hélas!* » devient : « je suis fâché ».

C'est surtout par la Grammaire de Noël et Chapsal que les mauvaises habitudes ont pénétré dans l'école, puis dans les examens, où elles sévissent encore. Est-il nécessaire de les conserver? Font-elles, elles aussi, comme les aberrations orthographiques, partie de la tradition nationale?

CHAPITRE V

Divorce nécessaire. — La grammaire ennemie de la logique. — La logique ennemie de la grammaire.

Il arrive que grammaire et logique sont d'accord : ainsi un changement de sens entraîne un changement de mode, rien de mieux que d'en montrer les raisons. Voici le verbe *être* dans une proposition dépendant d'un verbe exprimant la certitude, il sera à l'indicatif : « *j'affirme* que cela *est* ». Mettez-le à la suite d'un verbe exprimant la volonté : « *je veux* que cela *soit* », il passera au mode de l'incertitude, au subjonctif. Fort bien. Nous ferions la même constatation dans ces deux phrases : « je cherche un porte-monnaie qui *est* égaré », et : « je cherche un porte-monnaie qui *tienne* dans ma poche de gilet ». Mais il ne faut pas se flatter de suivre bien loin cette correspondance.

Il y aurait trop de cas où la grammaire ferait tort à la logique : un syllogisme peut être construit régulièrement en ce qui concerne la grammaire, les *or* et les *donc* y sont à leur place, et il est, en logique, parfaitement faux ou grotesque. Ailleurs, au contraire, deux propositions se succéderont sans lien marqué dans leur forme : *ils s'aimaient, ils se sont mariés*. La grammaire usuelle ne voit là que deux propositions *indépendantes* qui se suivent; cependant la première proposition exprime la *cause* du mariage : il y a entre ces deux idées une liaison logique très forte, un rapport de cause à effet, que rien ne marque extérieurement.

Il se fait trop facilement un sophisme dangereux : deux événements se suivent, on en conclut que le premier est la cause du second. C'est enseigner les règles les plus élémentaires de la logique que de prémunir l'enfant contre cette erreur. Or, la langue expose constamment à la commettre.

Dans la phrase : « Mon cousin se plaisait à Bagneux, il y a bâti une maison », la première proposition indique bien la *cause* du fait rapporté dans la seconde.

Mais je change, et je dis : « Mon cousin habitait d'abord au n° 26, il a aujourd'hui une maison. » Avec une construction identique à la précédente, la deuxième phrase énonce simplement deux faits.

Comparez : « *Dès qu*'il est éveillé, il se lève », à : « *Dès que* vous acceptez, je ne dis plus rien. »

Dans le premier cas, *dès que* marque le *temps*;

dans le second, il annonce la *cause* du fait exprimé par la proposition principale.

On voit déjà, par ces exemples, que souvent les formes du langage ne distinguent pas des rapports qu'il est absolument nécessaire de différencier en logique.

De même, entre l'affirmation la plus formelle et une question, il n'y aura parfois que la différence d'une intonation : « Eh bien! père François, la récolte est bonne. »

Laissez tomber la voix sur le mot *bonne*, vous *constatez*; élevez-la du commencement à la fin de la phrase, vous vous *informez*.

S'agit-il de garder aux faits et aux idées leur importance relative? La phrase qui renferme plusieurs propositions reliées entre elles, va en présenter une, qui sera nommée par la grammaire *proposition principale*. Mais il s'en faut bien que cette proposition soit toujours la principale en logique. Quand La Fontaine écrit :

« La grenouille s'enfla si bien qu'elle creva »,

c'est le fait dernier, le résultat définitif qu'il veut mettre en relief, c'est la mort de l'animal qui est l'essentiel, et cependant elle est annoncée dans la *proposition subordonnée*.

Autre exemple. Il est question d'électricité.

Quelqu'un rapporte : « On dit qu'on a trouvé un accumulateur léger ». Est-ce vraiment « *on dit* » qui renferme le fait important? Et le sens ne serait-il pas le même, si la phrase était celle-ci : « On a trouvé, *à ce qu'on dit*, *dit-on*, un accumulateur léger »?

C'est surtout à propos du verbe qu'on parle logique. On enseigne que les modes marquent des nuances de la pensée. C'est vrai en gros. Néanmoins il faut y regarder d'un peu près. « Je *sais* qu'il *est* guéri » affirme la *certitude*, le mode indicatif est nécessaire dans la subordonnée. Cela est juste. Mais « je *suppose* qu'il *est* guéri » n'exprime plus une certitude; et cependant on garde l'indicatif.

Inversement : « je *doute* fort qu'il *vienne* » a un subjonctif *vienne*, qui s'explique par le sens du verbe de la principale : il y a doute. Toutefois dans « je *ne doute pas* qu'il ne *vienne* » pourquoi encore le subjonctif, puisqu'il y a maintenant assurance? C'est que, comme souvent, *la forme l'emporte sur le sens*, et cela est commun dans toutes les langues.

On objectera qu'en faisant remarquer tout cela aux élèves on leur enseignerait la logique. Réellement, n'y a-t-il pas des moyens plus sûrs et plus directs de leur donner cet enseignement?

Si la grammaire est une école médiocre de logique, la logique est une très mauvaise maîtresse de grammaire. Déjà on a reconnu au passage, parmi les erreurs des logiciens de la Grammaire générale, quelques théories encore accréditées. On pourrait en citer bien d'autres. Et cependant, la langue française a profité des efforts que l'on a multipliés pour en faire « la langue de la raison ». Le renom universel dont elle a joui au XVIIIe siècle tient, en grande partie, à sa probité impeccable, à sa netteté rigoureuse, à la puissance qu'elle avait acquise d'exprimer sans défaillance les moindres nuances de la pensée abstraite. Ce sont là d'inappréciables avantages, auxquels personne ne songe à renoncer.

Je ne voudrais pas non plus être injuste, et faire porter à la logique plus de responsabilités qu'elle n'en a. Elle ne régnait pas encore que la manie de subtiliser régnait déjà.

Les règles de l'accord de *tout*, avec leurs exceptions et sous-exceptions, la grande théorie qui impose de considérer la fonction adverbiale du mot dans le cas *A*, l'oreille et l'usage dans le cas *B*, est de Vaugelas. Vingt autres décisions arbitraires avaient été prises avant lui, particulièrement sur l'accord du participe. Seulement, à un mal ancien la logique est venue en ajouter un autre. Et si notre grammaire d'usage est pleine de pièges, un peu par la faute de ceux qui l'ont faite, la logique en a singulièrement augmenté les difficultés par les définitions inutiles et fausses, par les raisonnements erronés, les théories sans fondement.

C'est elle qui a mis au sommet de toutes ces abstractions *la proposition*, trinité souveraine, qui est partout, quoiqu'invisible, et qu'il est souvent aussi impossible de reconstituer que de définir, car on ne peut expliquer, sans rire, que « Venez! » a un sujet, un verbe, un attribut, et que ce seul impératif est l'expression d'un jugement!

C'est encore la préoccupation de la logique qui a conduit le livre de grammaire à ne contenir que des définitions et des règles abstraites, dont on a retiré tout ce qui était vivant.

A cette erreur fondamentale combien d'autres se rattachent! Ici ce sont les théories sur la construction directe, qui font considérer comme des irrégularités des tours aussi vieux que la langue : *A peine était-il arrivé.* Ce sont ailleurs des considérations et des raisonnements sans fin, pour rendre compte des phrases impersonnelles avec leur sujet qui n'en est pas un; des dissertations sur les raisons profondes qui doivent décider si l'on dira : des hommes en *habit* ou en *habits*, et si des *coupe-circuit* doivent avoir une autre orthographe que des *coupe-cigare*, ce qui serait « illogique », au cas où un même appareil servirait à couper plusieurs circuits. Il suffit d'ouvrir un chapitre de syntaxe pour trouver des exemples de cette manie raisonnante, qui a fait tort non seulement à l'enseignement de la langue, mais encore à la langue même. Depuis le temps où « *tes père et mère* » était une expression condamnée comme formant une union illogique de pluriel et de singulier, jusqu'à hier, où l'on réprouvait : « *me causer* », malgré l'autorité de Corneille, de Rousseau, de vingt autres, et l'analogie de *me parler*, que d'ergoteries inutiles, que de décisions arbitraires, dont souvent notre français a pâti !

Or, toutes les études modernes de linguistique positive et scientifique ont détruit pour toujours les explications fondées sur la logique. La langue est un *fait social;* comme tous les phénomènes sociaux, elle est le produit du passé. On peut se borner à en connaître l'état présent par l'usage quotidien. Si l'on veut savoir pourquoi elle est ce qu'elle est, c'est au passé qu'il faut en demander l'explication. On y voit que les transformations spontanées des sons, la substitution inconsciente des formes les unes aux autres, et, à certaines époques, les décisions arbitraires des grammairiens, des écrivains, voire des gens du monde, ont eu une influence incomparablement plus forte que le raisonnement et la réflexion dans la constitution de notre langue.

La langue n'est pas une création voulue et réfléchie : la Grammaire n'est pas une forme de la Logique, c'est une science d'observation, qui doit être faite d'*inductions* et non de *déductions*.

CHAPITRE VI

L'école doit enseigner le français, non la grammaire. Qu'est-ce qu'enseigner le français?

Pour remettre l'enseignement de la langue française dans sa voie, il faut, comme on le fait à propos de tout autre enseignement qu'on veut introduire ou conserver dans les programmes des écoles primaires, se demander d'abord : *Est-il utile à la vie pratique? — Est-il éducatif? — Comment sera-t-il le plus utile? — Comment sera-t-il le plus éducatif?*

Il est évident que non seulement l'acquisition de la langue est un des modes de la formation de l'esprit, mais qu'elle en est la condition nécessaire. Je me réserve de montrer plus loin quels profits de toute sorte on peut tirer de cette étude, si on a soin de ne pas séparer les phrases et les mots des idées dont ils ne sont que les signes. Pour le moment, je voudrais m'en tenir à l'objet propre et direct de cet enseignement. Que veut-on? Que doit-on vouloir? Faire des grammairiens? Nullement.

La grammaire ne doit pas être enseignée pour

elle-même. L'enfant vient à l'école primaire pour apprendre la langue. A certains degrés, dans les lycées et collèges, par exemple, on peut se demander s'il n'est pas utile d'acquérir des notions grammaticales plus approfondies, qui serviront de base de comparaison pour l'étude d'autres langues enseignées dans ces établissements. Mais, à l'école primaire, les notions indispensables peuvent être singulièrement réduites. Sans doute, on ne saurait se passer de savoir ce que c'est que le singulier, le pluriel, le féminin, l'actif, le passif, etc., parce que ce sont là des connaissances dont on aura à faire usage chaque fois qu'on en vient soi-même aux applications des règles du langage. Seulement, au lieu de chercher à les étendre, il faut s'efforcer de les restreindre à un minimum, et, pour mon compte, si je n'y avais pas été contraint par les programmes d'examen, je n'eusse pas, malgré les préjugés des maîtres, laissé dans la Méthode Brunot-Bony bien des choses qui y sont encore, et qui, je l'espère, en disparaîtront peu à peu.

Distinguer un verbe au passif, ou même pouvoir dire ce que c'est, cela est indispensable, je le veux bien, mais en vue d'autre chose, qui est : *savoir reconnaître ce verbe et en comprendre le sens* quand on lit, puis *s'en servir* à son tour, quand on en aura l'occasion et le besoin.

Apprendre la langue, c'est se mettre en état, d'une part, de tout lire, de tout entendre, sans que rien vous échappe de la pensée d'autrui, et, d'autre part, de tout exprimer, soit en parlant, soit en écrivant, sans que rien de votre propre pensée échappe à autrui.

Il serait puéril de montrer les avantages qui s'attachent à la possession intégrale de ce moyen de communication et d'échange. Un homme n'est vraiment un citoyen, il ne peut prendre part véritablement à la vie commune, politique ou économique, sans posséder sa langue nationale; il n'est même, à proprement parler, un homme, qu'à ce prix, et du jour où lui sont ouverts les trésors de vérité et de beauté accumulés par les penseurs, les poètes, les écrivains de sa race.

Bien entendu, l'école primaire ne peut songer à assurer à l'enfant, qu'elle garde si peu de temps, une culture complète. Elle ne peut que la commencer; mais il faut qu'elle la commence, avec cette idée que, comme dit la formule allemande :

« Le meilleur pour le peuple est tout juste assez bon! »

Il faut donner à l'enfant le goût des jouissances les plus hautes de l'esprit, et, par un commencement d'éducation approprié, lui fournir le moyen de s'y élever plus tard.

L'École aura bien rempli sa tâche, si elle inspire aux élèves le désir et si elle leur fournit le moyen de lire et d'apprendre encore, si elle leur donne l'habitude de se rendre compte par eux-mêmes, de chercher à comprendre et à goûter. Il est bien certain que toute aspiration en ce sens sera vaine, ou, en tout cas, que l'effort à faire sera cent fois plus grand, si à la difficulté de s'assimiler des idées nouvelles s'ajoute un travail préalable pour pénétrer à travers des mots inconnus, qui les cachent. Il est de toute nécessité qu'avant d'arriver à l'âge adulte l'essentiel soit fait, que l'enfant sache réellement, en gros au moins, son français.

Essayons de déterminer l'effort à faire pour obtenir ce résultat.

Si tous les enfants de France auxquels s'adresse l'enseignement, étaient dans des conditions identiques au début, on pourrait songer à exprimer cet effort par une formule générale et commune. Mais il s'en faut que partout l'enseignement de la langue doive être identique.

Il y a d'abord, dans quelques pays, des enfants qui, parlant dans leur famille le flamand, le bas-breton, ou telle autre langue étrangère, ne connaissent le français que par l'enseignement de l'école.

En outre, bon nombre d'enfants parlent, avant leur entrée à l'école, et en dehors de l'école, un patois roman. Ce dialecte peut être plus ou moins voisin du français, il n'en est pas moins une langue distincte, ayant un vocabulaire souvent assez particulier, des formes et des tours spéciaux. La méthode directe s'impose pour les uns comme pour les autres.

Enfin, beaucoup d'enfants parlent français, mais un français corrompu, influencé soit par le patois, soit par l'argot, soit enfin par toutes sortes d'actions diverses. Ces enfants sont incontestablement moins favorisés que ceux qui entendent employer autour d'eux un français correct.

Le milieu matériel où se développe l'enfant est également à considérer. Tantôt cet enfant trouve dans les rues des villes où il vit, dans les magasins qu'il regarde, dans les conversations qu'il entend, de perpétuelles occasions d'accroître son vocabulaire; tantôt, au contraire, isolé dans quelque hameau, ou dans une ferme lointaine, il est placé, à ce point de vue, dans des conditions tout à fait défavorables.

Donc l'effort à faire pour enseigner le français est divers et inégal. A vrai dire, si on voulait guider efficacement les instituteurs jusque dans le détail, il faudrait composer autant de livres qu'il y a de groupes présentant à peu près les mêmes conditions.

Cela se fera, je l'espère, un jour; mais, actuellement, il faut commencer par faire des livres généraux, et s'en rapporter à l'intelligence des maîtres pour approprier leur enseignement aux élèves qu'ils ont devant eux.

Dans cet enseignement, qui conviendra à peu près à l'ensemble, il faudra nécessairement que les auteurs mettent, et que les lecteurs trouvent :

1° Tout ce qui pourra contribuer à accroître la connaissance acquise avant l'entrée à l'école.

2° Tout ce qui pourra corriger les mauvaises habitudes contractées dans le même temps.

Pour montrer par un exemple des plus simples combien l'enfant doit ajouter au bagage qu'il apporte, prenons le cas le plus défavorable à ma thèse. Supposons-nous à Paris.

Croit-on qu'un petit Parisien, je ne dis pas sait *conjuguer*, le mot sentirait la grammaire, mais possède les formes du verbe *parler*, ou *chanter*, ou de tout autre verbe très usuel? Quand il emploie le présent de l'indicatif, *je chante, tu chantes, il chante, nous chantons, vous chantez, ils chantent*, la parole ne lui a appris à distinguer que *trois* formes : *chant'*, *chantons*, *chantez*, les trois personnes du singulier et la 3me du pluriel se prononçant, se parlant de la même manière.

Au futur, il n'aperçoit aucune différence entre la 2me et la 3me personne du singulier : tu *chanteras*, il *chantera;* ni entre la 1re et la 3me du pluriel : nous *chanterons*, ils *chanteront*.

L'imparfait lui offre, comme le présent, quatre formes ayant la même prononciation : je *chantais*, tu *chantais*, il *chantait*, ils *chantaient*.

Il y a plus : le passé simple : je *chantai*, est complètement inconnu à cet enfant. Il n'emploie que le passé composé : j'*ai chanté*. Même ignorance du passé antérieur : j'*eus chanté*, et, en outre, de l'imparfait du subjonctif, etc.

On voit donc que si, sur certains points, la langue écrite et la langue parlée se correspondent, très souvent la correspondance n'existe pas. La langue française, considérée dans son ensemble, est en effet aujourd'hui composée : 1° d'éléments communs à la langue écrite et à la langue parlée, que la pratique enseigne à l'écolier; 2° d'éléments, vivants aussi sans doute, si l'on veut, puisqu'on en use dans la langue écrite, mais que la langue parlée ne connaît pas, et qui sont pour l'enfant comme une langue étrangère.

Cette langue étrangère, il devra l'acquérir tout entière par l'enseignement, et l'on voit tout de suite que ce sera autre chose pour le maître d'enseigner ce qui est dans l'usage de l'enfant, et d'enseigner ce qui n'y est pas. Y faudra-t-il deux méthodes distinctes et consécutives? Je ne le pense pas. Mais on ne sera obligé ni de mettre sur le même plan tous ces éléments, ni de les enseigner tous à la fois. D'autre part, il est bien certain qu'on ne saurait retarder des leçons qui apparaissent d'abord comme peu nécessaires. Ainsi, *a priori*, on pourrait remettre à plus tard l'enseignement de nombreux détails orthographiques, qui ne sont que des souvenirs d'usages morts depuis longtemps, mais l'expérience avertit que, si on laisse enraciner de mauvaises habitudes graphiques, il devient par la suite extrêmement difficile de les détruire.

Or, il n'a été question jusqu'ici que d'un enfant chez qui rien n'est venu se mélanger aux formes françaises proprement dites. Cet enfant existe-t-il?

A vrai dire, la deuxième partie du programme, destinée à corriger le langage, moins vaste que la première, est encore très étendue, car il y a bien peu de milieux où la langue employée soit le pur français; et le nombre de faits qu'on peut étudier, en s'appuyant exclusivement sur l'usage spontané que l'élève fait de la langue, est, dans les campagnes surtout, assez limité.

A Paris même, et jusque dans la bourgeoisie, l'avènement de la démocratie a généralisé l'emploi de termes pris à la langue populaire et à l'argot, qui, peu à peu, pénètrent le vocabulaire général. A la Chambre, un député a pu dire qu'une ville ne pouvait *piger* avec Bristol; et au Conseil municipal de Paris, un conseiller a constaté avec tristesse que la Ville *traînait la purée.*

Si des membres des Assemblées publiques en sont là, on peut juger des libertés de l'usage courant. L'enfant du peuple entre en classe, — laissons l'argot de côté — avec des habitudes de langage totalement rejetées de la langue correcte. Plusieurs, qui sont en réalité anciennes, peuvent être tolérées; mais comment, et sans être puriste, ne pas chercher à défaire les enfants de formules telles que : « *Ou's que tu vas? Avec qui que tu vas à Montsouris? Faudrait que tu m'emmènerais. Des fois qu'papa me permettrait. T'peux pas! Si qu'on irait tout de même?* », et cent autres du même acabit.

L'usage général déforme sur bien des points la prononciation correcte des mots. Regardons les seules formes du démonstratif : *Cet* est le plus souvent prononcé, *st'*, *ste : st' homme, ste femme.* Le pronom n'est plus « *celui-ci* » mais *çui-ci*, ni « *cela* » mais *ça*. On dit souvent *ceus'* et non *ceux*.

L'auxiliaire *être*, avec les verbes intransitifs ou les pronominaux, est souvent remplacé par l'auxiliaire *avoir* : *j'ai tombé*, je *m'ai coupé* le doigt.

Les pronoms relatifs précédés d'une préposition sont rarement employés d'une façon correcte : dans le peuple on dit : « l'outil *que* je me sers, le mendiant *que* j'y ai donné un sou. »

Dans les campagnes, si l'argot joue un rôle moindre, un autre élément vient gâter le français parlé. En effet, tout en disparaissant devant la langue officielle, les patois ne pouvaient manquer d'influer plus ou moins profondément sur cette langue qui les détrônait. Ils lui ont imposé des mots, des formes de langage qui souvent passent, dans le milieu restreint où ils ont survécu, pour appartenir au langage correct, mais qui n'en sont pas moins étrangers au français véritable. Dans l'Est, on nommera *flot* (ancien français *floc*) un nœud lâche de rubans ou de fils; et à peu près personne, même dans les familles les plus cultivées, ne se doute que le mot n'existe plus en français de Paris. *Gone* est familier à tout bon Lyonnais; *faire du déblai*, à chaque ménagère du Pas-de-Calais; *se languir de quelqu'un*, se dit dans tout le Midi; *manger une gougère* dans chaque famille nivernaise, et ainsi de suite. Le nombre de ces particularités est si grand que le premier venu de mes lecteurs y ajoutera sur-le-champ des vingtaines d'exemples pris à son pays. Or c'est un gros et dur travail de débarrasser l'enfant de ceux de ces provincialismes qui sont inacceptables.

On voit combien le problème est délicat et complexe, et qu'il ne peut être question de chercher une méthode infaillible et universelle pour enseigner à tous la langue française. Même avec de bonnes directions, les maîtres auront beaucoup à faire par eux-mêmes : l'extrême variété des élèves les obligera, partout et toujours, à faire preuve d'initiative et de jugement personnel.

Ces réserves faites, une conclusion nette se dégage et s'impose pourtant en ce qui concerne l'objet même de l'enseignement. Puisqu'il s'agit d'apprendre à comprendre et à s'exprimer, *les deux études qui seront mises au sommet seront la lecture et la rédaction*. C'est là le but. L'étude du vocabulaire, celle de la grammaire aussi, reste indispensable, sans doute; mais ce sont des moyens. Des coins obscurs où ils sont relégués, les exercices de composition et les morceaux expliqués doivent monter au sommet. « Les derniers seront les premiers. »

CHAPITRE VII

Faut-il aller à un autre extrême, et supprimer tout enseignement grammatical ou lexicologique suivi?

Se contentera-t-on d'attendre que le hasard des lectures amène des mots, des formes, des tours, sur lesquels on arrêtera l'attention de l'enfant; des observations détachées, occasionnelles, remplaceront-elles l'enseignement régulier et méthodique du vocabulaire et de la grammaire?

Des hommes très distingués, qui sont en même temps des maîtres compétents, ont soutenu cette opinion : que des remarques bien à propos, greffées sur des lectures, fournissaient le meilleur des enseignements, et suffisaient à l'apprentissage de la langue.

On a tant souffert de l'abus des leçons théoriques, indigestes et inutiles, qu'il est facile de comprendre comment est née cette opinion, absolue et intransigeante, qui proscrit les livres spéciaux dans l'enseignement du français.

Assurément, des lectures bien choisies, surtout quand elles sont méthodiquement expliquées, augmentent rapidement le vocabulaire des enfants. Elles ont le très grand avantage de présenter les mots *employés*, c'est-à-dire *éclairés par le contexte*, qui en facilite l'intelligence et l'acquisition. On arrive de même, par l'imitation des formes et des tours, à s'approprier des syntaxes en apparence inaccessibles.

Il n'entre en aucune façon dans ma pensée de contester ces résultats. Je les reconnais même si grands qu'à mon sens, qu'il s'agisse d'enseigner des mots ou des formes, *il faut toujours montrer ces mots ou ces formes en fonctions, c'est-à-dire dans un texte*.

Mais là n'est pas le point. Ce qu'il s'agit de savoir, c'est si l'œuvre d'un auteur, si même des morceaux pris çà et là pour former un livre de lectures, et, par conséquent, choisis pour toutes sortes d'autres causes, et en raison d'autres mérites, peuvent fournir à eux seuls un enseignement raisonné et suffisamment complet du vocabulaire et de la grammaire.

D'abord, où sont les œuvres où l'on trouvera réuni en quelques lignes le matériel d'une leçon de vocabulaire? Où seront groupés les noms d'animaux que l'on juge utiles à connaître? Où les noms de fleurs, etc. Nul n'écrit pour faire entrer systématiquement tous ces mots dans un texte littéraire. On n'arrivera jamais à découvrir des pages où tout ce qu'on désirerait rencontrer se rencontrera, et dans l'ordre qu'on voudra. Et quand, par un hasard heureux, on sera tombé une fois sur le texte rêvé, il renfermera, presque sûrement, d'autres choses que l'enfant ne connaît pas encore, et qu'on ne veut pas lui montrer.

Cette observation est particulièrement grave quand il s'agit de grammaire française. Dans les textes, même les plus simples, que rencontre-t-on? Justement des formes exceptionnelles, des verbes, simples de sens, assurément, mais irréguliers de forme : *faire*, *prendre*, *recevoir*, *lire*, qui sont très usuels, parce qu'ils sont très anciens. Peut-on vraiment commencer par ceux-là l'étude de la grammaire? Qui osera le prétendre? Et, puisqu'on ne peut pas se procurer des textes d'écrivains ne renfermant pas ces verbes, on est obligé de composer des morceaux d'où on les éliminera. Dès lors, ce sont des exemples préparés en vue d'une leçon spéciale, ce ne sont plus des textes ordinaires de lecture.

On pourrait faire bien d'autres objections. Si la lecture porte sur un texte de l'époque classique, on y trouve des termes qui ont disparu de la langue, ou qui ont changé de sens. N'a-t-on pas, pour cela, été obligé de renoncer à La Fontaine, parce qu'il fallait un commentaire perpétuel pour expliquer à l'enfant ce que c'est qu'un loup qui est *de frairie*, et auquel un os *demeura bien avant* au gosier, si bien que l'animal en *pensa* perdre la vie? A chaque vers, un terme mort, ou un sens aujourd'hui inusité, arrêtait et embarrassait des écoliers du xxe siècle.

Or, du jour où la lecture devient la base sur laquelle on va étayer la leçon de grammaire, il apparaît qu'on ne doit rien prendre qui présente des mots ou des termes archaïques, inutiles à connaître, puisque aujourd'hui inusités. Autre chose était de les lire, sauf à éclaircir quelques difficultés, autre chose est de les faire servir à la leçon. Voilà donc les classiques hors des classes.

Parmi les modernes, il faudra encore choisir, et bien attentivement. Au xixe siècle, la langue des écrivains, je ne dis pas seulement des poètes, mais des prosateurs, est, dans une large mesure, individuelle. La personnalité de l'écrivain donne souvent aux mots un sens très intéressant, mais qui n'est pas de la langue usuelle, que doit apprendre l'écolier. Plus l'auteur a de style, plus sa langue se distingue de l'usage commun, moins il peut servir à enseigner le vocabulaire courant. Prenons un vers de V. Hugo :

> L'Occident amincit sa *frange* de carmin,

ou une phrase de Chateaubriand :

> Bientôt l'*espace ne fut plus tendu que du double azur* de la mer et du ciel.

C'est exquis pour former le goût, non pour enseigner la langue. Et, si je m'en fie à d'autres, aux plus grands, à Michelet ou à Anatole France, pour enseigner à un écolier le sens ordinaire et commun des mots, le premier que je dois connaître, je m'expose à le fourvoyer assez souvent.

Qui ne voit, en présence de ce style figuré et personnel, l'impossibilité de fonder là-dessus un enseignement? Que si, d'autre part, pour trouver des textes où le vocabulaire soit à peu près celui de tout le monde, on veut écarter de mon livre de lectures les plus belles pages, ne lui enlève-t-on pas justement ce qui y était le plus éducatif?

Supposons toutes ces difficultés vaincues, le choix fait, les morceaux trouvés. Que d'obstacles encore dans la pratique !

Si le maître, en face de son texte unique, le commente de façon à en tirer tour à tour des observations sur la grammaire, le vocabulaire, l'orthographe, et en même temps sur le style, ou les idées et les faits, quelle habileté prodigieuse il lui faudra pour ne pas égarer les esprits dans ce dédale ! Quelle méthode rigoureuse il faudra aussi à l'enfant pour faire chaque soir le répertoire distinct, par matières, des choses qu'il aura apprises, pour tenir à jour à la fois ses cahiers de grammaire, de vocabulaire, de leçons de choses, de morale, de littérature, etc., résumés qui seront ses seuls livres! Il faut avouer qu'il y a peu de savants, habitués à dépouiller scientifiquement des textes, qui soient arrivés à tant d'ordre et de méthode.

Si, au lieu de procéder ainsi, le maître, de peur de se perdre, tire successivement de son texte d'abord une leçon de grammaire, par exemple, puis une de vocabulaire, qu'une troisième d'une autre nature suivra, ne craint-on pas que ce texte ressassé, tourné en rengaîne, ne lasse tout le monde? Au lieu de pouvoir servir de modèle de composition, ne risque-t-il pas de fatiguer l'attention, et de ne plus même laisser à l'esprit le profit qu'il lui apportait, alors qu'il servait de simple lecture?

Je ne voudrais pas qu'on pût se méprendre sur ma pensée : je le répète encore, *tout enseignement de la langue doit se faire sur un texte, partout et toujours*. Mais autre chose est de prendre un texte spécial pour thème d'une leçon de grammaire, autre chose d'adapter à une leçon de grammaire un texte choisi pour la lecture.

Dans la seconde hypothèse, le texte présentera accidentellement un pluriel en *aux*, par exemple, puis d'autres faits grammaticaux. Le tout fournira la matière d'observations diverses, auxquelles se mêleront ou succéderont d'autres remarques inspirées par le morceau.

Dans la première, qui a ma préférence, le texte sera spécifiquement choisi et adapté en vue de l'enseignement d'un fait grammatical bien déterminé. Il contiendra, je suppose, des pluriels en *aux*, sur lesquels se concentrera l'attention. L'observation du jour sera celle-là, exclusivement. Elle formera une leçon, avec ses explications et sa conclusion, et à cette leçon rien ne s'ajoutera de ce qui pourrait distraire la pensée et l'entraîner dans d'autres directions.

Si pareils textes peuvent être extraits des auteurs de valeur, sans aucun des inconvénients que nous avons dits, tant mieux! Aussi souvent que cela est possible, mieux vaut trouver des textes qu'en faire. Il n'y a pas à se dissimuler toutefois que, pendant longtemps, si on veut être compris, il faut *prendre à l'enfant lui-même ses exemples*, de façon à lui faire analyser *son propre usage*, et non le nôtre. Or, il n'existe pas de littérature française vraiment enfantine, écrite avec la pensée et les phrases des enfants. De toute façon, la lecture des écrivains ne convient pas au début, elle ne peut commencer que plus tard.

J'ai une pleine confiance dans l'enseignement par la pratique et l'observation; mais, pour des élèves qui disposent de si peu de temps, et auxquels il s'agit de donner une notion sérieuse d'une langue aussi difficile que la nôtre, d'un vocabulaire où il y a trois choses à apprendre : le son, le sens, la forme orthographique, d'une grammaire compliquée, hérissée de règles subtiles, je pense qu'il sera bon de ne pas trop compter sur l'occasion, et d'user d'une pratique graduée, réglée par une méthode stricte, qui dirige de tout près le hasard[1].

1. Il ne sera pas question, dans ce qui suit, de l'enseignement de la prononciation. Ce n'est pas que j'aie oublié ce chapitre si important. Mais, actuellement, le phonographe seul pourrait être un bon maître de diction à l'école. Si on veut que la prononciation s'y enseigne, il faut d'abord que les futurs maîtres apprennent à l'école normale à se débarrasser des accents locaux qui se conservent si facilement entre « pays », et à prononcer le français avec pureté. Ils n'y arriveront que par des moyens phonétiques appropriés, dont l'usage n'est pas encore répandu. En outre, il faudrait les exercer spécialement à un enseignement qui, contrarié sans cesse par l'orthographe, au lieu d'être aidé par elle, présente de très grosses difficultés, sitôt qu'on l'applique à la lecture.

CHAPITRE VIII

L'enseignement du vocabulaire.

I. — LA MATIÈRE. LE CHOIX DES MOTS.

Déjà la plupart des bons livres modernes font une place, si modeste qu'elle soit, au vocabulaire. Il faut se proposer plus et mieux, car posséder la langue, c'est disposer d'un nombre suffisant de mots sur le sens desquels on n'a aucune hésitation. Les « *machin* », les « *chose* », par lesquels tant de gens remplacent les termes exacts, viennent non seulement de la paresse, d'un refus de l'effort nécessaire pour trouver des termes justes, mais surtout d'une ignorance véritable et invincible. Il est mille moyens de se rendre compte de la pauvreté du vocabulaire d'une foule de gens. Croyez-vous que la ménagère qui va acheter son « bœuf » connaisse le nom des morceaux? C'est, la plupart du temps, le geste et un pronom démonstratif qui tiennent lieu du mot technique. « Donnez-moi *ce* morceau-*ci*. » « *Ça* fait mon affaire. » Une dame marchande un velours; l'employé lui annonce qu'il est *tramé* coton. « *Tramé* » est-il compris exactement? Je me suis informé auprès de femmes du métier, j'ai pu constater que *tramé* signifiait pour elles simplement *mêlé*. « *Imprimé sur chaîne* » ne leur présentait non plus aucun sens précis, quoique des étoffes de ce genre fussent à la mode, et se vendissent en masse dans les magasins.

Qui, parmi nous, serait capable d'énumérer les parties qui composent une fenêtre, de dire exactement ce que signifie : *le chapeau*, *le jambage*, *la jouée*, *la feuillure*, *le jet d'eau*, *l'embrasure*, *l'ébrasement*, etc.? Et il ne faudrait pas croire que l'embarras commence seulement au moment où l'on entre dans les vocabulaires techniques. Une femme de quarante ans, après vingt années de vie à Paris, sachant au reste lire et écrire couramment, ne comprend en aucune façon ce que veulent dire : *rumeur*, *brouhaha*, *clapoter*, *haleter*. *L'horizon* signifie pour elle : *loin, bien loin*; *cité* n'a pas d'autre sens que *groupe de maisons*. *Airain*, *symphonie*, *demi-teinte* lui échappent complètement. On multipliera sans peine les observations de ce genre.

Cette pauvreté de vocabulaire précis qu'on observe chez les adultes, sitôt qu'ils sortent du cercle ordinaire des objets qui les entourent et des idées qui leur sont familières, devient une véritable pénurie chez les écoliers. Si l'on met un enfant en présence d'une page de dictionnaire, on demeure étonné du grand nombre de mots qu'il ignore.

Voici une expérience faite sur une fillette de douze ans, très avancée pour son âge, et faisant de bonnes études secondaires. Dans une première page de dictionnaire, elle sait à peu près 23 mots, 13 lui sont inconnus. Dans une autre page, c'est 17 seulement qu'elle sait, et 20 qu'elle ignore.

Si, au lieu de prendre un dictionnaire, on choisit parmi les textes qui sont étudiés à l'école, les résultats de l'épreuve ne seront pas moins concluants. Dans la poésie de V. Hugo, *Après la Bataille*, un écolier de dix ans, élevé dans un milieu très propre à le développer, ne comprend pas : *héros*, *hussard*, *ému*. A plus forte raison, si nous observons l'enfant au moment où il arrive à l'école. Dans un texte tout à fait simple, un bébé de cinq ans, très réfléchi et qui s'exprime bien, ignore des mots comme : *treille*, *coûter*, *soupçonner*, *avouer*, *honteux*, *franchise*, *prouver*, *promettre*, *oublier*, *honnêteté*, *sincérité*, *vertu*. On aperçoit sans peine que ce sont les mots abstraits surtout qui n'ont pour lui aucun sens.

A côté des mots ignorés, restent encore dans l'ombre, ou dans la pénombre, une foule d'autres termes, connus par à peu près, dont on entrevoit tout au plus la signification. Ils abondent dans le journal que lit un homme du peuple, de sorte que, bien souvent, les idées, politiques ou autres, ne sont perçues par lui qu'en gros. L'ensemble lui produit une impression; il n'apporte pas les précisions sur lesquelles on devrait réfléchir.

C'est pour cela que le peuple écorche les mots, qu'il fait ce qu'on appelle en science de « *l'étymologie populaire* », c'est-à-dire rapproche de façon grotesque la forme des mots inconnus de la forme d'autres qui lui sont familiers. Le *baromètre* devient *la baronnette;* la *lanterne à l'acétylène :* la *lanterne à la Sainte-Hélène;* une élève de lycée (onze ans) parlait récemment des *horizons funèbres* de Bossuet.

Ces cocasseries amusent l'observateur, et cependant les déformations intimes du sens seraient bien autrement risibles, ou autrement tristes, si l'on pouvait les observer avec la même facilité. C'est par leur faute que tant d'imaginations s'agitent ou s'endorment dans le brouillard et l'obscurité. J'ai eu ces jours-ci une discussion amicale avec un cantonnier de la ville de Paris. Il était furieux contre le *repos hebdomadaire*. J'ai compris à la fin que pour lui cette expression voulait dire : *repos dans la semaine*. Encore ne confondait-il pas, comme d'autres « hebdomadaire » et « dromadaire » !

L'école doit s'appliquer à faire cesser, dans la mesure du possible, cet état de choses; mais ici, comme ailleurs, elle ne peut que commencer l'œuvre. Bon gré, mal gré, il faut choisir. Il faut enseigner l'immédiatement indispensable, et fournir les moyens qui permettront d'aller plus loin, après l'école. Seulement, quelles règles adopter pour ce choix?

Bien entendu, ce sera au maître surtout, comme je l'ai déjà dit plus haut, à s'inspirer des besoins particuliers du milieu où il enseigne, et du développement des enfants qu'il instruit. Il ne saurait être question ici que de lui donner quelques directions générales.

Le programme comprendra d'abord ce qu'il n'est permis à personne d'ignorer des termes courants de la vie. Si le maître le peut, il donnera une attention particulière à ceux qui seront les plus nécessaires à l'enfant dans la carrière où il va entrer : si l'enfant est agriculteur et terrien, il n'est pas indiqué d'insister sur le vocabulaire maritime. Cela ne veut pas dire qu'il faille totalement négliger celui-ci, ni entrer dans une étude trop approfondie de celui-là; car, en ce qui concerne les termes techniques d'une profession, la pratique les enseignera bientôt à l'enfant mieux que l'école, et il apprendra à nommer les objets spéciaux, outils, pièces de machine, matériaux, une fois qu'il sera à l'atelier, et qu'il les maniera de ses mains : tout est ici affaire de tact et de mesure.

Il faudra plus d'intelligence encore au maître pour déterminer avec quels termes il convient de familiariser l'enfant, parmi ceux qui ne sont pas et ne seront jamais de son entourage, mais qui précisément lui font connaître des choses auprès desquelles il ne vit pas, et qu'il faut qu'il connaisse, choses du passé, quelquefois, du présent, le plus souvent. Nous n'avons point de roi ni d'empereur, et il importe cependant que l'enfant sache ce qu'est un *roi* et un *empire*. Le village ne possède ni *musée*, ni *théâtre*, on ne doit pas néanmoins sortir de l'école, sans avoir quelque idée de ce que ces mots représentent. Il faut avoir fait connaissance avec beaucoup d'autres choses, concrètes ou abstraites ; savoir ce que c'est qu'un *sous-préfet*, qu'une *administration*, etc. Cela est très difficile, sans doute, mais indispensable.

Peut-on se fonder sur le caractère grammatical de certains mots pour les exclure de l'enseignement scolaire? Je répondrai que là non plus il n'y a pas de règles. Si savants et rébarbatifs que soient des termes scientifiques, qui peut affirmer qu'ils ne deviendront pas d'un usage aussi courant que *baromètre*, *thermomètre*, *télégraphie*, ou *agriculteur*, dont personne ne voulait, il y a cent ans? *Superphosphate*, *métropolitain*, *cinématographe*, sont en train de se vulgariser.

Est-on plus sûr de ne pas se tromper quand on rejette, a priori, des mots abstraits, parce qu'ils sont abstraits? Sans doute, il faut éviter autant que possible l'abstraction, mais qui donc enseignera ce que c'est que la *coopération* et la *mutualité*, si on se l'interdit à l'école? Il y a des degrés dans l'abstrait, et aussi des catégories bien diverses; dans certaines d'entre elles l'enfant peut pénétrer sans grande difficulté. Si l'on a soin de partir d'observations portant sur les différentes couleurs, il semble que l'on peut arriver à donner l'idée de la *couleur*. Je ne crois pas non plus que des phrases comme « *le commerce et l'industrie d'une ville sont en prospérité* » soient inaccessibles, à condition qu'on se donne la peine de montrer que *le commerce* ou *l'industrie* ne sont que des noms collectifs qui additionnent, pour ainsi dire, des maisons de commerce ou des industries particulières.

Si l'on va jusqu'aux mots abstraits proprement dits, encore faut-il faire des distinctions. Que l'on examine seulement les trois termes de la devise républicaine : le mot *égalité* est facilement compris des enfants, habitués à constater l'égalité dans les longueurs et les mesures diverses des objets et des êtres. Un écolier comprend ce que c'est que deux nombres égaux, deux quantités égales; il s'est même formé déjà une image de l'égalité morale, en remarquant que le maître traite tous ses élèves également.

Le mot *fraternité* est plus élevé. Toutefois, si l'enfant a des frères et des sœurs auxquels il est attaché, il sait ce que c'est qu'*aimer ses frères*, que *partager en frères*, et il peut s'élever de ce sentiment, limité dans la famille, aux sentiments analogues qui lient des camarades entre eux, et, par la suite, des citoyens.

Liberté, au contraire, est un mot presque incompréhensible, éveillant des idées trop complexes de droit limité par des responsabilités, dont l'enfant ne peut prendre, avant d'avancer en âge, aucune idée vraiment exacte.

Tous les termes de ce genre devront être naturellement réservés; mais, en somme, il n'est aucune route qu'il faille interdire. Le maître doit s'engager sur toutes, sans s'enfoncer dans aucune; il a, du reste, pour se guider, un moyen infaillible : qu'il prenne soin de faire employer les mots par l'enfant; qu'il s'assure s'il est compris ou non. Après une expérience négative, qu'il s'arrête, recule, ou recommence.

II. — LA MÉTHODE. PAS DE MOTS VIDES, PAS DE MOTS VAGUES. LA CHOSE ET LE MOT.

Un grand principe doit dominer tout enseignement systématique du vocabulaire : *le mot n'a pas de valeur par lui-même, il n'est qu'un signe.* Il ne saurait donc être séparé de la chose qu'il signifie; la connaissance de la chose doit précéder, ou au moins accompagner, la connaissance du mot correspondant.

C'est un principe admis aujourd'hui par tous les pédagogues qu'il convient, dans l'enseignement d'une *langue vivante*, de procéder, au début au moins, par la *méthode intuitive.* Or le français s'enseigne d'abord et surtout comme une langue vivante; donc, tant que cela sera possible, il sera excellent de faire connaître *la chose* d'abord, *le mot* ensuite. Cette méthode donnera à l'écolier la saine habitude de ne pas se payer de mots, de ne pas surcharger sa mémoire de vocables vides de sens, ou même simplement de mots vagues. C'était le grand défaut d'autrefois. A un homme qui avait conquis les plus hauts grades universitaires, et qui ne pouvait se résoudre à voir la réforme orthographique changer en *f* le *ph* d'*asphodèle*, je m'avisai tout d'un coup de demander : « Mais qu'est-ce que c'est donc que cette plante? » Mon interlocuteur l'ignorait.

Le principe que je viens de poser entraîne une première conséquence : la voici. On devra, tout comme pour une langue étrangère, commencer l'étude du vocabulaire par les noms des objets qui sont à la portée de l'enfant, sous sa main, dans son usage. Les premiers adjectifs exprimeront les qualités qu'il constate dans ces objets familiers; les premiers verbes diront les actions qu'il exécute lui-même, ou voit exécuter autour de lui.

En second lieu, les livres, dictionnaires ou autres, fournissent et doivent fournir des listes de mots, classés de diverses manières; mais il ne faut jamais faire apprendre par cœur à l'enfant une de ces listes. Ce sont des matériaux destinés à l'enseignement, non des leçons faites. Certes, le mot, isolé d'une phrase, peut finir par entrer dans la mémoire. Mais quel travail ingrat et infécond que celui qu'on nous imposait jadis avec les *Jardins de racines* quelconques, que nous nous ingurgitions par ordre alphabétique. Il faut se souvenir que nous ne parlons pas par mots détachés, mais par groupes de mots, si bien que souvent un mot n'a aucun sens en dehors du groupe dont on l'extrait. *Fournie*, *longue*, *renard*, *queue*, s'imposeront bien plus vite à l'esprit s'ils sont dans la très simple phrase : *Le renard a la queue longue et fournie.* Le succès sera bien plus sûr encore, si en même temps l'élève voit cette queue sur une image.

Il faut ajouter qu'un mot ayant plusieurs sens, je ne puis avoir l'intention de les faire tous connaître. Si donc je l'insère dans un texte, je l'y ferai venir avec le seul sens que je juge devoir faire comprendre. Prenons l'exemple très simple du mot « *règle* ». J'entends éloigner, pour le moment, le sens de « précepte de conduite » ou celui « d'opération d'arithmétique ». En mettant le mot dans la proposition : *Je tiens ma règle*, ou : *ma règle est carrée*, le mot est fixé au sens que je veux lui donner. L'intuition a fait son œuvre,

Et ainsi je simplifie ce qui, de sa nature, est complexe. Car déjà, par une merveilleuse adaptation du génie humain, le mot, enchâssé dans une phrase, apparaît à peu près toujours à celui qui l'entend dans le sens où le prend celui qui parle. Je m'arrange pour que la vue des choses achève d'empêcher toute confusion.

Ces principes posés, je n'indiquerai pas les exercices de début propres à les mettre en pratique, tant il est facile d'en inventer ou d'en trouver partout. Un des plus usuels consiste à demander d'abord à l'élève de chercher un mot qui manque dans une proposition dont on donnera tous les autres termes[1]. C'est là un travail fécond. Il arrivera heureusement que les enfants feront parfois des choix différents, surtout quand il s'agira d'ajouter un qualificatif. Il y aura tout profit à cette variété. Loin de viser à l'uniformité dans les devoirs, il faudra encourager l'originalité : si chaque élève propose un mot acceptable, acceptez-le. Il est bon, à tous égards, que chacun traduise ses propres observations dans son langage, à la condition que ce langage soit juste. S'il ne l'est pas, ne vous bornez pas à donner le mot qui convient, expliquez pourquoi il convient. De la sorte, vous corrigez la notion qu'on avait de l'ancien, et vous donnez une idée exacte du nouveau, par comparaison.

Lorsqu'on aura épuisé l'étude des choses qui se présentent spontanément, pour ainsi dire, aux yeux de l'élève, on recourra aux échantillons du musée scolaire pour augmenter le nombre des mots déjà acquis. Des instituteurs ont fait, sans grands frais, des collections tout à fait intéressantes. Ne serait-il pas possible au maître d'aller plus loin encore, et, pour suppléer à des lacunes inévitables, d'emprunter aux divers ouvriers de la localité des matières ou des outils qui manquent, avec lesquels

1. Cf. *Méthode de Langue française* Brunot-Bony, Premier Livre, p. 18 et suiv.

les élèves feraient connaissance? La variété des professions qui s'exercent, même dans un milieu restreint, comme un village, permettrait de faire passer sous les yeux d'une classe une foule d'objets usuels, qui seraient l'occasion d'intéressantes leçons de choses et de leçons de vocabulaire combinées.

Toutefois, quelque ingénieux et adroit que se montre un instituteur à se procurer les objets qu'il exhibera en classe, il arrivera un moment où il lui faudra sauter le pas : il n'aura plus l'objet. On ne peut songer, en classe ni même hors de classe, à montrer une usine qui n'existe pas dans le pays, une montagne ou une mer, s'il n'y en a pas aux environs.

On supplée alors à la vue directe des choses par l'emploi des *images*. Les tableaux muraux, les vignettes des dictionnaires, des livres de science, de lecture, de grammaire, les cartes postales illustrées, les projections, le cinématographe, offrent ou offriront des ressources immenses.

Toutefois, si l'image est précieuse, il s'en faut bien qu'elle vaille la réalité. La représentation des choses que l'enfant n'a pas vues, l'intéresse souvent médiocrement. La raison en est qu'il ne comprend pas cette représentation.

D'abord, beaucoup de reproductions belles et vraiment artistiques ne sont pas faites pour l'école primaire : elles sont trop chargées de détails, trop compliquées, pour que l'enfant s'y retrouve. Et si, d'un autre côté, par besoin de simplification, on déforme ces reproductions, si on tombe dans la laideur, on risque de cultiver le mauvais goût, qui n'est déjà que trop développé, par les suppléments des journaux à un sou, particulièrement.

Mais surtout il ne faut pas oublier qu'une figure, belle ou laide, exige toujours une interprétation, souvent très délicate. Les formes véritables des choses représentées sont parfois difficiles à apercevoir. L'écolier verra-t-il sûrement sur le dessin d'une enclume la différence des deux extrémités ou bigornes, dont l'une est à angle droit, et l'autre ronde? Or, s'il ne voit pas cela, il ne comprend rien à certains usages essentiels de l'enclume, il ne voit pas à quoi bon deux becs.

A plus forte raison lui sera-t-il difficile de se faire des idées justes avec des images de choses qu'une représentation quelconque défigure entièrement. Un petit Parisien apprendra-t-il avec précision, au moyen d'une gravure, ce qu'est la mer? Ou un enfant de la plaine concevra-t-il ce qu'est une montagne, même en contemplant une demi-journée un dessin du mont Blanc, que ce dessin ait 5 ou 50 centimètres? Nous avons entendu, après une leçon bien faite sur ce même mont Blanc, toute une classe affirmer que le sommet ne s'élevait pas si haut que le phare de Calais.

Il ne faut donc pas se faire d'illusions sur les résultats que donne l'image pour l'acquisition de mots précis. C'est que dans l'interprétation d'une image le langage change de fonctions : au lieu de représenter une chose vue, il veut exprimer une chose qui n'a pas été vue encore : il n'éveille plus la *mémoire*, il essaie de mettre en jeu *l'imagination*, qui, souvent, travaille à vide, et ne peut composer qu'une image bien imparfaite avec les éléments dont elle dispose.

D'ailleurs puisque, d'après ce que nous avons dit, l'enseignement du vocabulaire doit pousser encore plus avant, nous arriverons nécessairement à un point où l'image elle-même ne peut plus être employée. Comment montrer, par exemple, ce qu'est *une colonie*, *la douane*, *un impôt*, *un traité de paix*, etc.? Ce sont des choses réelles cependant, mais dont on ne peut avoir une idée ni par l'exhibition directe, ni par la figuration.

Des mots de cette nature sont aussi difficiles à comprendre que de pures abstractions. Peut-être même l'enfant sait-il mieux ce que signifie : « Ma mère m'a *défendu* de déchirer mon tablier », que : « Des forts *défendent* la place de Toul ». Il a un *livre de science*, il se figure tant bien que mal ce que c'est que *la science* : il est bien difficile de lui interpréter ce simple mot « un *savant* » si on ne veut pas se borner à lui dire : *c'est un homme qui sait beaucoup*.

Quoi qu'il en soit, quand il y aura lieu d'aborder les mots abstraits, il faudra toujours, autant que possible, partir de la notion concrète correspondante : c'est du *pauvre*, qui existe malheureusement partout, qu'on passera à l'idée et au mot de *pauvreté*. Pour une foule de qualités ou de défauts, on pourra procéder ainsi : en partant des *êtres* et de *leurs actes*, ou des *choses* et de leur *manière d'être*. Les adjectifs : *sincère*, *menteur*, *heureux*, *malheureux*, *bon*, *fort*, *docile*, *rapide*, *lent*, *gai*, *triste*, etc... conduiront à : *sincérité*, *mensonge*, *bonheur*, *malheur*, *bonté*, *force*, *docilité*, *rapidité*, *lenteur*, *gaieté*, *tristesse*, etc.

Les faits historiques offrent à chaque instant l'occasion de caractériser des personnes, des situations, des faits, et de préciser ainsi des mots : *l'enthousiasme* révolutionnaire, *l'héroïsme* de certaines armées, *l'égoïsme* de tels ou tels politiques, etc., etc.

Quand la leçon d'histoire sera bien faite, qu'elle aura produit impression sur l'enfant, les mots viendront traduire d'eux-mêmes le jugement porté sur les hommes et sur les choses, et c'est encore une des applications du principe que nous avons posé dès le début, à savoir : *que le mot ne doit jamais être séparé de ce qu'il représente*. Si des portions de vocabulaire peuvent et doivent être introduites à propos d'autres leçons que les leçons de français, quel inconvénient y a-t-il à cela? Une nécessité supérieure impose, sans doute, de diviser les enseignements; mais, en réalité, l'éducation est *un tout*, dont les diverses parties doivent se rejoindre et se fortifier mutuellement.

Une autre question se pose : *Le vocabulaire doit-il donner lieu à un enseignement théorique, où l'on montrera comment se forment les mots?* En principe je réponds, sans hésiter : *Oui*.

D'abord, pourquoi analyserait-on, d'une part, avec tant de soin, les formes grammaticales, et renoncerait-on, d'autre part, à une étude correspondante sur les mots? Mais il y a d'autres raisons, plus pédagogiques.

La principale, c'est qu'on a là un moyen très simple de décupler la portée de l'enseignement. L'enfant n'apprend pas les mots un à un, il possède, très peu de temps après avoir appris à parler, un instinct merveilleux de ce qu'on appelle en science l'*analogie*, qui le pousse d'abord à faire des mots sur le modèle de ceux qu'il connaît, qui lui permet aussi de comprendre, sans les avoir apprises, des séries entières, semblables à une ou deux unités qu'il possède déjà. C'est en utilisant cet outil de généralisation qu'il trouve, par lui-même, ce que veulent di[illegible] *découdre* ou *déranger*, d'après *défaire*, ou *pom[illegible]*, *groseillier*, d'après *poirier*. C'est en appliquant la même méthode qu'il fabrique *remolir* en face de *démolir*, *déprocher* en face d'*approcher*.

Ce serait une pédagogie à courte vue que celle qui négligerait pareilles ressources naturelles, alors qu'il n'y a qu'à cultiver l'instinct analogique pour donner à l'enfant la clef de toute une partie du vocabulaire. Il s'agit d'abord de le garder ici, comme en grammaire, de certaines erreurs. Il faut lui apprendre que ce suffixe, qu'il ajoute à tort et à travers, l'usage ne l'ajoute pas partout et toujours : qu'*enfantin* existe, mais non *vieillardin*. Il faut surtout le prémunir contre les erreurs auxquelles l'instinct, abandonné à lui seul, le conduirait dans l'interprétation des mots existants. Il faut qu'il apprenne qu'un même élément, ainsi le suffixe *ière*, n'a pas toujours et partout la même valeur. Une *couturière* est une personne qui travaille dans la couture, une *épicière*, une personne qui vend des épices. Une *souricière* n'est ni une marchande, ni une éleveuse de souris.

Téléphoner, c'est user du téléphone, mais *rayer*, *écouter*, ce n'est pas user d'une raie ou d'une écoute. De même, dans *s'entre-déchirer*, le préfixe *entre* éveille une idée de réciprocité; mais, dans *entr'ouvrir*, il marque que l'action n'est que partiellement exécutée.

Apprendre à l'enfant à se servir des préfixes et des suffixes est malgré cela assez facile, si l'on ne considère que les éléments vivants de la langue, et il ne peut être question que de ceux-là, dans les premières classes au moins. En somme, le problème du vocabulaire se présente comme celui de la grammaire, il se résout aussi de façon semblable : *il s'agit de s'appuyer sur les connaissances acquises pour les corriger et les développer.*

Par quels exercices y procéder? Ici encore les indications sortent d'elles-mêmes des principes.

1° D'après un mode de formation observé sur un mot donné, on fera trouver des mots obtenus de la même manière.

D'après chant*eur*, l'élève formera : fauch*eur*, dans*eur;* d'après *in*docile : *im*poli, *in*utile; sur le type *garde-fou : pèse-lettres*, *attrape-nigaud*, en allant des procédés les plus simples aux procédés les plus complexes.

Naturellement, les mots ainsi formés seront toujours employés, comme les autres, dans une proposition qui en fera ressortir le sens.

2° On pourra étudier l'application à un même mot de divers moyens de formation : par exemple, il s'agira de faire, sur le primitif *main*, un nombre quelconque de mots dérivés. On voit tout de suite que ce deuxième procédé conviendra surtout pour les révisions, après qu'une partie ou la totalité des modes de formation aura été étudiée.

Il n'y a pas à dissimuler que ce deuxième exercice présente une très grosse difficulté, car rarement la famille d'un mot est homogène. Si nous considérons celle du mot *homme*, par exemple, nous y trouvons une série de mots populaires depuis longtemps employés : *hommage*, *bonhomme*, mais aussi une série de mots plus récents : *humain*, *humanité*, formés sur un type latin. Le mot *chaleur* forme *chaleureux*, mais dans la famille il y a aussi *calorique* et *calorifère*.

On ne saurait assurément écarter du programme primaire tous les « *mots savants* », empruntés au latin ou au grec, j'ai dit pourquoi. Mais il est clair que les élèves ne pourront les découvrir qu'à une condition, c'est que le maître leur fournisse le radical savant que ces mots renferment. Pareille étude ne saurait donc se faire dès le début, en même temps que celle des « *mots populaires* » usuels. Si l'on prend pour exercice la famille du mot « *école* », on s'en tiendra d'abord à *écolier*, pour aborder seulement plus tard *scolaire* et *scolarité*. De la famille du mot *règle*, on prendra les dérivés *régler*, *règlement*, on ajournera *régulier*, *régulariser*, *régularité*.

A plus forte raison, faudra-t-il se garder pendant longtemps des mots dont toute la famille est étrangère. Les maîtres qui enseignent le système métrique se rendent assez compte, par l'exemple de cette nomenclature toute savante, des difficultés que présente pour l'enfant une famille comme celle de *mètre*.

Ce n'est pas là cependant ce que l'étude du vocabulaire présente de plus délicat. Les mots dont il est le plus difficile d'expliquer la valeur à un enfant, ce sont surtout les mots composés, ceux mêmes dont tous les éléments sont français, parce qu'il y a souvent entre leur forme et leur sens une contradiction absolue. *Pomme de terre* a l'air de faire trois mots, comme *motte de terre*, et il ne désigne en réalité qu'une seule chose. *Va-et-vient* a l'air de deux verbes réunis par une conjonction, et ce sont là, en effet, ses éléments composants, mais le sens est : *sorte de fermeture*, ou *mouvement alternatif et incessant*. Or, il est, dans certains cas, extrêmement difficile de faire comprendre à l'enfant que le mot composé a un sens unique, car, s'il ne le connaît pas, il ne saisira presque jamais ce sens, à moins qu'un objet ne soit là pour le lui enseigner. C'est en lui montrant un *tire-bouchon*, ou un *porte-*

plume, ou un *chemin de fer*, qu'on a quelques chances de vaincre la difficulté.

Mais très souvent, dans les locutions verbales, par exemple, il est bien difficile de procéder par exhibition. Il est hors de doute que *avoir lieu*, dans : « La fête *aura lieu* sur la place publique » est l'équivalent d'un verbe simple et unique, mais le moyen de le faire comprendre? Ici encore il faudra tâcher de commencer par les cas où l'acte peut être vu : « l'allumette *prend feu*, la grande sœur *prend soin* de la petite. » Il semble qu'on puisse arriver ainsi peu à peu à montrer enfin la différence entre : « le maître *tient compte* de ma bonne volonté », et : « il *tient un compte* régulier des fournitures ». Mais il est bien certain que ces subtilités, mi-grammaticales, mi-lexicologiques, doivent être abordées en dernier lieu, quand les esprits seront déjà déliés par toutes sortes d'exercices, et il est déplorable, sous prétexte que le pluriel des noms est une des premières choses que l'on apprend en grammaire, d'avoir la prétention de faire comprendre à ce moment l'opération délicate de synthèse, d'où résulte un *mot composé*.

On remarquera que jusqu'ici je n'ai pas parlé spécialement de l'étude des sens des mots; c'est, qu'en réalité, je n'ai pas cessé d'en parler, puisque, suivant moi, cette étude ne peut, à aucun moment, être négligée, et qu'on n'étudiera jamais un mot sans en étudier le sens.

Toutefois, bien entendu, il vient un moment où l'on peut placer avantageusement des exercices spéciaux sur les sens. La matière est immense et prête à des développements sans fin. Aussi, dans chaque lecture, dans chaque dictée, chaque fois qu'on se trouvera en présence d'un texte quelconque, des observations devront être faites sur les acceptions simples ou figurées, des mots intéressants qui seront rencontrés.

Pour le reste, il faut prendre bien des précautions. La science qui étudie le développement du sens des mots, la « sémantique » comme on l'appelle, qui touche de si près à la psychologie, n'est pas faite, et elle n'offre guère que quelques aperçus généraux qui puissent devenir matière pédagogique à l'école primaire.

Pratiquement, je crois qu'il serait très prudent de se borner à quelques exemples simples de développements faciles à comprendre. Faite clairement, la leçon sur ce sujet est alors très attrayante. Qu'on considère des phrases aussi communes que : « La *plume* de l'oie servait autrefois à écrire, on la remplace aujourd'hui par des *plumes* métalliques » ; « Autrefois un aussi grand écrivain que Corneille ne pouvait pas vivre de sa *plume* » ; elles peuvent suffire au maître pour faire saisir par quels procédés l'esprit fait passer le mot « *plume* » d'un sens à un autre. On peut exposer quelques exemples de ce genre, qui montreront la mobilité du langage. La portée de cette leçon est, en effet, très haute; elle doit avertir l'élève de la facilité avec laquelle les autres et lui-même donnent aux mots, consciemment ou non, des sens nouveaux.

Mais, pour la pratique de la langue et du style, avec des leçons moins ambitieuses, on atteint à d'excellents résultats. On proposera, par exemple, un terme général à analyser. Voici le mot *gibier*. L'écolier aura à chercher le nom de tous les animaux auxquels s'applique cette appellation. On lui donnera le mot *voiture*, et il devra énumérer en les appelant par leur nom, les diverses espèces de voitures qu'il connaît. Cet exercice de découverte peut devenir, en même temps, un exercice de classement, les différents noms étant rangés d'après un ordre naturel. On distinguera par exemple : les voitures à bras; les voitures à traction animale; les voitures à locomotion mécanique, comme autant de genres. L'élève aura un autre jour à découvrir les diverses actions qui se résument par le terme *construire* une maison ou *confectionner* une robe.

Inversement, en partant des termes particuliers : *cheval*, *bœuf*, il peut s'élever aux termes généraux :

animaux domestiques ou *mammifères*, suivant le cas. *Labourer*, *semer*, *herser* doivent le conduire au verbe *cultiver*.

Faut-il faire expliquer des mots? Rarement, car c'est là un exercice théorique, plus facile toutefois, s'il est oral.

On s'exposerait à des mécomptes en demandant des définitions. Comment exiger que l'enfant fasse ce que des livres même font le plus souvent si mal? Ou l'élève répète le mot qu'il s'agit d'expliquer, ou il tourne autour sans rien préciser. Je reconnais — et c'est pour cela qu'il est impossible de proscrire absolument l'exercice — que, dans certains cas, par exemple lorsqu'il s'agit de mots de science, les révisions exigent que l'on s'assure si les mots techniques ont été compris. Encore peut-on éviter bien souvent les définitions.

En somme, en fait de définitions, l'enfant n'est guère plus maître de celles qu'il répète que de celles qu'il crée. Ce sont pour lui des formules qu'il brouille et débite sans les comprendre. Une petite fille, très cultivée, à qui on demandait ce que c'est que Dieu, répondit : « Dieu, c'est un être infiniment bon, infiniment grand, entouré d'eau de tous côtés! » La *description* des choses vaut mieux, en général, qu'un essai de *définition* des choses.

Depuis longtemps, pour faire comprendre le sens

des mots, on se sert d'une méthode comparative. Un exercice, très en honneur à l'école primaire, consiste à faire chercher des synonymes. Le danger est que l'on demande trop souvent à l'élève de remplacer un mot par un autre, et qu'on lui présente le second comme équivalent du premier. Pratiquée avec cette imprudence, la recherche des synonymes est un fâcheux apprentissage de l'à peu près. Mais elle devient utile et féconde, si l'on exerce l'enfant à distinguer les nuances de mots que rapproche une idée générale commune, si on lui fait trouver pourquoi, dans tel texte, on a employé l'un et non l'autre. Il va sans dire que souvent les nuances sont si fines que seul l'élève déjà avancé est en mesure de les observer. Ainsi, c'est déjà un raffinement que d'enseigner à l'enfant les divers noms que prend l'argent suivant les milieux : *salaire* d'un ouvrier, *traitement* d'un fonctionnaire, *honoraires* d'un médecin, etc., etc.

Est-il besoin de montrer ici les dangers de quelques exercices qui, souvent blâmés, se continuent néanmoins encore dans trop d'écoles, ainsi : l'étude des *paronymes?* Cette étude, en rapprochant des mots qui se prononcent presque de la même façon, expose les enfants à les confondre, alors qu'il faut, au contraire, tout tenter pour faire distinguer ces mots à l'élève, quand, par hasard, il se trompe en les employant!

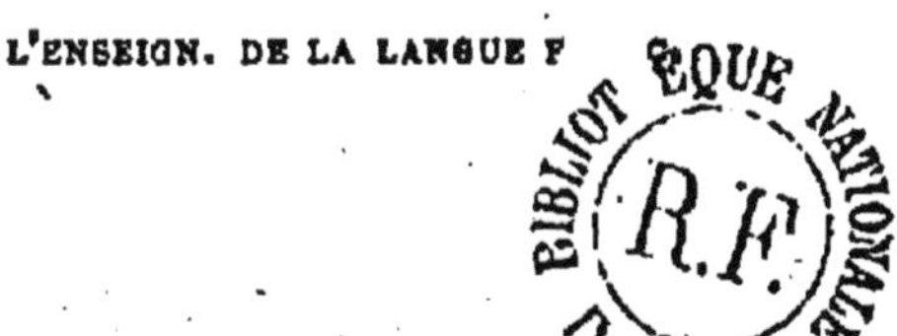

Je dirai la même chose des *homonymes*, sources d'inévitables confusions. Les exercices donnés là-dessus semblent parfois extraits d'un manuel de calembours : « *Cinq* capucins, *sains* de corps et d'esprit, *ceints* de leur ceinture, portent dans leur *sein* le *seing* du *Saint* Père ! » S'il est nécessaire, pour l'orthographe, de distinguer tous ces mots, le plus sûr n'est peut-être pas de les réunir tous dans une phrase unique.

Avec des élèves déjà développés, on peut essayer la transposition d'un morceau dans un style différent; par exemple, faire passer la description d'une machine d'une forme simple et familière à une forme technique; au contraire, donner un tour familier à une page éloquente, faire raconter d'une personne, en observant les convenances, les actes qu'on a d'abord prêtés à un animal, etc.

L'une des applications les plus contestables de ces transpositions est la mise en prose d'un texte écrit en vers. Trop souvent le travail de l'élève n'aboutit qu'à enlever au style tout ce qui en faisait la beauté et la justesse. Il faut un sens déjà très fin de la valeur des mots, des règles de la poésie et de la prose, pour réussir à mettre de la poésie soit en une prose qui restera poétique, soit en une prose tout unie, qui présentera d'une autre façon les idées du poète.

Quant à l'*étymologie*, elle n'a pas sa place à l'école primaire. On ne saurait expliquer à l'élève ce qu'il ne sait guère par ce qu'il ne sait pas du tout.

Pour tous ces exercices, il est très recommandé de pourvoir les élèves d'un *dictionnaire*. C'est incontestablement un des livres les plus précieux qu'on puisse mettre entre leurs mains; s'ils apprennent jeunes à s'en servir, ils conserveront pour la vie cette excellente habitude; ce sera une clef avec laquelle ils s'accoutumeront à ouvrir bien des portes.

L'enseignement du vocabulaire a donc bien ses méthodes propres, qu'il faut perfectionner encore; il n'est toutefois qu'un enseignement donné en vue d'un but plus important. Nous aurons à examiner par la suite comment il peut être rattaché aux autres leçons de français, si on veut lui faire produire tous ses fruits.

CHAPITRE IX

L'enseignement de la grammaire.
La matière. De la grammaire vraie.

J'ai dit plus haut les dangers que présenterait, suivant moi, la suppression d'un enseignement grammatical distinct et suivi. Mais je crois qu'on pourrait, sans inconvénients sérieux, réduire beaucoup le programme de cet enseignement. Il dépasse considérablement ce qu'il est nécessaire à un homme du peuple de savoir pour s'exprimer et pour comprendre le mécanisme de la langue. C'est la tradition, et, surtout, la *tradition des examens*, qui force à enseigner bien des choses dont l'utilité est plus que problématique. Toutefois, quoi qu'on fasse, il restera un minimum de grammaire tout à fait indispensable.

Ainsi, au premier abord, quand on constate les ressemblances de fonctions qui existent entre l'adjectif et l'adverbe, on serait tenté, dans un enseignement élémentaire, de les étudier à la fois. Mais la variabilité de l'adjectif, d'une part, l'invariabilité de l'adverbe, de l'autre, font une obligation absolue de les séparer, et même d'enseigner à les distinguer. Sinon, comment expliquer à l'enfant qu'on écrit : Ces étoffes sont *chères*, et : ces étoffes sont vendues *cher?* ou bien : la haie semble *haute*, et : la haie monte *haut?*

Même bien informé sur l'adjectif et sur l'adverbe, l'enfant a une peine énorme à appliquer, tant bien que mal, la règle de *tout*. S'il ne possède pas ces notions, il n'y a aucun espoir de lui faire saisir même le principe de la règle.

Je suis de ceux qui envisagent sans effroi un avenir où on écrirait : une rue *toute* entière, comme : une rue *toute* pavée. Seule, l'ignorance des grammairiens du XVIIe siècle les a empêchés de voir que cette orthographe traditionnelle était la bonne. Mais ce serait un fâcheux retour en arrière que de ne plus pouvoir distinguer :

« Ils sont rentrés *tout* mouillés et crottés »
et : « Ils sont rentrés *tous* mouillés et crottés ».
Or, la notion de l'adverbe est ici nécessaire.

Il y a des connaissances plus nécessaires encore. La confusion de *j'eus* et de *j'eusse* dans : sitôt que *j'eus* fini, et : avant que *j'eusse* fini, est un grossier solécisme. La prononciation de certaines provinces le rend si fréquent que je l'ai trouvé dans 7 copies de baccalauréat sur 25. Il n'y a point à cela d'autres remèdes que de faire étudier les formes verbales et leur sens.

A quoi bon multiplier les faits, quand l'expérience fournit aux maîtres des preuves à foison? Mieux vaut chercher les caractères que doit présenter cet enseignement grammatical, dont la nécessité ne fait pour moi point de doute.

En premier lieu, il faut enseigner *des choses vraies*.

Le conseil peut paraître banal, il ne l'est point. Il suffit, en effet, d'ouvrir à peu près n'importe quel livre de grammaire pour y trouver de graves et nombreuses erreurs.

Voici un manuel, dont je ne citerai pas l'auteur — je fais la critique d'un système et non d'une œuvre —.

Dès les notions préliminaires, confusion complète, commune du reste, des *sons* et des *lettres* qui représentent ces sons. Pour l'auteur, une voyelle est une lettre, une consonne est une lettre. On ne saurait mesurer les conséquences d'une méprise fondamentale comme celle-ci. Elle embrouille l'enfant pour toujours, qu'il étudie l'orthographe ou les formes grammaticales. Avant d'apprendre par les yeux, il a appris la langue par l'oreille, il cherche d'instinct dans le mot qu'il prononce l'élément dont vous lui parlez, et ne le trouve pas.

En effet, si nous considérons les lettres seules,

il est évident que le radical est le même dans : je *romp*-s, et dans : nous *romp*-ons; — mais écoutons les sons de la langue parlée : le radical de *rompons* renferme une consonne, qu'on n'entend pas dans *romps*.

Enseigner à l'enfant que ce radical est *invariable*, c'est lui enseigner le contraire de ce qu'il constate, de ce qu'il entend; donc c'est lui enseigner une chose, qu'il pourra répéter, mais sans la croire ni la comprendre.

Et, d'un bout à l'autre, le résultat sera le même. Exposer que *un* diffère de *une*, en ce qu'il n'a pas l'*e*, c'est expliquer *l'écriture;* mais l'enfant écoute ces mots dont vous lui parlez, et son oreille lui dit votre erreur, puisqu'il entend dans *un* simplement un *eu* nasal, et dans *une* un *u* suivi de la consonne *n*. Voilà, entre mille, un exemple du résultat où conduit la confusion du son et de la lettre.

Le livre explique ensuite qu'il y a cinq voyelles : *a*, *e*, *i*, *o*, *u*, nouvelle erreur!

S'agit-il, en effet, de *lettres*, pourquoi ne met-on pas *y* dans la liste? Est-il question, par hasard, de *sons*, pourquoi n'y trouve-t-on pas le son *ou*, le son *eu*, sans parler des sons nasaux : *an*, *in*, *on*, *un*, qui sont aussi des voyelles?

Sitôt qu'on aborde l'étude particulière de ces sons

ou de leurs représentations graphiques, le désordre augmente encore. Ainsi, c'est un dogme qu'il y a trois *e* : *è* ouvert, *é* fermé, *e* muet ou sourd. Mais on ne s'aperçoit pas que *e* muet ou sourd n'a rien, absolument rien à voir avec *e* prononcé *é* ou *è*. Il est écrit par le même caractère, soit; mais tantôt ce n'est rien, comme dans *file* ou *pilote*; tantôt c'est un *eu* affaibli, comme dans *appartement* ou *revoir* : tantôt c'est la voyelle ordinaire *eu*, comme dans : *voyez-le*.

Là où l'on veut bien s'occuper des sons nasaux français, on les présente tout au rebours de la vérité. *In* est considéré comme un *i* nasal; *un*, comme *u* nasal, toujours en raison de l'écriture, alors que *in* est un *e* nasal (*vin* sonne comme *chien*), et *un* un *eu* nasal (*un* sonne comme *jeun*). Toutes les notions préliminaires sont ainsi faussées, comme si ceux qui ont rédigé les manuels les plus récents avaient ignoré les premiers éléments de la phonétique.

Sans doute, il ne s'agit pas d'introduire cette science à l'école primaire; mais il est indispensable qu'on s'en inspire pour enseigner exactement les formes grammaticales, et même, — je le montrerais ici, si c'était le lieu — la lecture aux débutants.

Il paraîtra peut-être hardi d'affirmer que la

règle traditionnelle, relative à la formation du féminin dans les adjectifs qualificatifs, pèche gravement contre la vérité, et cela est exact pourtant.

On enseigne uniformément que *le féminin se forme par l'addition d'un* e *muet*. Lorsque l'enfant applique cette règle à des adjectifs tels que *mûr*, *égal* : un fruit *mûr*, une pomme *mûre*, etc., comme les deux formes de l'adjectif se prononcent de même, l'enfant comprend à peu près. On a ajouté un *e muet*, c'est-à-dire *rien*, et il entend, en effet, un féminin *mûre* semblable au masculin *mûr*. Jusque-là, tout va bien.

Mais dès qu'il écoute *petit* et *petite*, *gros* et *grosse*, *grand* et *grande*, etc., il entend au féminin des consonnes qui ne se prononçaient pas au masculin, et il se trouve en présence de ce mystère : En ajoutant un *e* muet, qui n'est *rien*, qui serait tout au plus une voyelle, on entend toutes les consonnes de l'alphabet !

La vérité est qu'ici encore le livre ne songe qu'à l'écriture. Quant au changement réel, sensible à l'oreille, que l'élève peut avoir remarqué, qu'il réalise lui-même dans les adjectifs qu'il emploie, le livre l'ignore. Puisqu'il n'apporte rien dans l'écriture, ce changement ne compte pas. C'est toujours le même principe : enseigner l'orthographe, et rien que cela ! Et l'on s'étonne que l'enfant ânonne pendant des mois sans comprendre[1] !

Pour faire voir les différences réelles entre le féminin et le masculin, il faut mettre à part les adjectifs de types différents :

A. — 1° Ceux qui ne changent aucunement au féminin : masculin : *sage* — féminin : *sage*.

2° Ceux qui ne changent pas de prononciation au féminin. En écrivant, on ajoute un *e* muet qui ne se prononce pas : *noir*, *noire*, — *moral*, *morale*.

B. — 1° Ceux qui sont terminés par une consonne écrite, mais muette, au masculin : *dernier*, *dernière*.

2° Ceux qui sont terminés par une consonne qui se prononce au masculin, mais dont la prononciation change au féminin : *vif*, *vive*, etc.

En général, pour ces deux derniers cas, l'addition d'un *e* muet au féminin fait entendre la même consonne qu'on trouve dans les dérivés :

Grand, *grande*, comme dans *grandeur*.
Dernier, *dernière* (*dernièrement*).
Paysan, *paysanne* (*paysannerie*).
Sec, *sèche* (*sécheresse*);
Vif, *vive* (*vivace*).

Donnons un second exemple d'une règle ancienne et fausse : je prendrai celle qu'on enseigne pour la

1. Voir pour les détails de cette théorie du féminin la *Méthode de Langue française* Brunot-Bony (Cours élémentaire et Cours moyen).

formation du futur. Elle est très simple, sans doute : « A l'*infinitif* on ajoute *ai*, *as*, *a*, etc. »

Mais *aimer* (prononcez *aimé*) + *ai* (prononcez *é*) = *aiméé*. Si l'on avertit l'enfant de tenir compte de l'*r*, *aimé* + *r* + *ai* donnera *aiméré*, mais non *aimerai* (*aim'rai*).

L'erreur apparaît plus éclatante encore pour les futurs *jouerai* (jou'rai), *jetterai* (jett'rai), *sèmerai* (sèm'rai), etc.

La vérité est que, depuis longtemps, le futur des verbes en *e* (infinitif *er*), c'est-à-dire de l'immense majorité des verbes, se forme de la *1re personne du singulier du présent de l'indicatif*, suivie de l'*r* de l'infinitif, et des terminaisons *ai*, *as*, *a*, etc.

j'aime + *r* + *ai*.

Non seulement la théorie est juste, mais en outre *toutes les prétendues exceptions disparaissent*.

« *j'appellerai* » vient bien de *j'appelle*,
« *je mènerai* » — de *je mène*,
« *je jouerai* » — *je joue*,
comme *j'aimerai* de *j'aime*[1].

J'ai fait allusion plus haut à la bizarre classification, fondée sur les infinitifs, qui fait ranger *courir*

1. Il en est de même de *je cueillerai*. Dans certains verbes en *s*, la même influence se fait aussi sentir; à cause de : *je viens*, on a dit : *je viendrai* au lieu de l'ancien français : *je vendrai*.

parmi les verbes en *ir*. En réalité, certains verbes avaient deux infinitifs : *plaire* et *plaisir*, *courre* et *courir*. Un pur accident historique a fait prévaloir l'un de ces infinitifs, et voilà *plaire* dans la 4e conjugaison, pendant que *courir* est renvoyé à la 2e, dont jamais, du reste, il ne prend la syllabe caractéristique *iss;* car ce sont les clowns qui disent à leur cheval : *courissez!*

Je ne parlerai pas de cette classification même en quatre conjugaisons — complication si inutile ! — puisqu'elle va disparaître, et que la Commission des nomenclatures, sur ma proposition, ne reconnaît plus que deux conjugaisons : celle des verbes qui ont l'indicatif présent en *e* (*j'aime*), et celle des verbes qui l'ont en *s* (*je finis, je reçois, je rends*)[1].

En général, les règles de syntaxe renferment moins d'erreurs positives et matérielles. Le défaut ici a été d'inventer des règles arbitraires, si étroites qu'elles sont à chaque instant violées par l'usage.

Un chapitre du « nombre dans le nom » ne manque point de donner une liste des mots qui ne s'emploient pas au pluriel. Ce sont d'abord les noms propres de personnes, « qui ne sortent pas du singulier », sauf quelques-uns. Or, il suffit que l'en-

1. Cette classification est celle de la Méthode Brunot-Bony, livre III (Cours moyen et supérieur). Nous n'avions pas osé, pour ne pas dérouter les maîtres, l'introduire dans les premiers livres.

fant entende parler d'une famille quelconque du village, des *Cuny*, des *Dupont*, des *Demange*, pour qu'il ne comprenne plus. Puisqu'on dit « les Cuny » et que les Cuny sont *cinq*, comment ne serait-ce pas le pluriel? Qu'on mette une *s* ou non, cela ne fait rien à l'affaire. On confond ici *le pluriel* et la *marque du pluriel*.

D'après les manuels, les noms de matières n'ont pas, non plus, de pluriel; et le *Journal officiel*, qui est affiché à la porte de l'école, donne toutes les semaines le cours des *blés*, des *avoines*, des *aciers*, des *fontes*.

Pour les noms abstraits, auteurs classiques, romantiques, impressionnistes, en mettant ces noms au pluriel, ont démenti à qui mieux mieux des théories que rien n'a jamais justifiées, et qui sont contraires à l'usage depuis le moyen âge.

L'exposé de l'emploi des formes du verbe n'est pas plus exact : les théories sur la signification et l'usage des temps retardent. Quelquefois on ne dit pas un mot de formes tout à fait usuelles, telles que : sitôt que *j'ai eu compris*, et on s'attarde à : *j'eus compris*, que personne n'emploie en parlant. Il *vient d'arriver*, ou il *va arriver*, n'ont point l'honneur de compter parmi les formes temporelles. La forme *arriverait :* dans : « je savais qu'il *arriverait* à dix heures », est considérée toujours comme un conditionnel, jamais avec sa valeur de futur dans le passé, de sorte que, dans l'analyse, on fait sous-entendre aux enfants un *si* avec une condition, ce qui, naturellement, fait un gros contre-sens.

A combien de difficultés n'a pas donné lieu la fausse doctrine sur l'emploi des auxiliaires *avoir* et *être!* A la prendre à la lettre, un verbe avec *être* marquerait nécessairement l'*état*. Ainsi : Napoléon *est mort* à Sainte-Hélène, *état!* V. Hugo *est né* en 1802, *état!*

Plus loin, c'est la théorie des verbes impersonnels avec leur sujet logique, et leur sujet grammatical. Or, dans une phrase comme : *il est honteux de mentir*, on peut, en souvenir du passé, reconnaître *mentir* pour un vrai sujet du verbe, bien que ce verbe soit précédé d'un autre mot sujet : *il*. Mais dans : « *il faut que vous me préveniez* », où le mode du verbe (subjonctif) *préveniez* est imposé par le verbe principal : *il faut*, comment accepter que le sujet de *faut* soit : *que vous me préveniez?* Tout montre ici que ce membre de phrase est construit, dans l'esprit de celui qui parle, comme une subordonnée, comme un complément. (Comparez : *je veux que vous me préveniez*). L'évolution est achevée pour cette forme : *faut* n'a plus d'autre sujet que *il*.

Ces remarques, et il serait facile de les multiplier, prouvent surabondamment que la matière grammaticale doit être renouvelée sur bien des points. Pour être enseignée avec fruit, il faut qu'elle se débarrasse de vieilleries, trop longtemps conservées dans des livres qui se recopient les uns les autres, et qu'elle soit mise en harmonie avec la réalité présente.

Le maître, en se plaçant résolument en présence de la langue parlée, devra se demander à chaque affirmation : « Ce que j'enseigne, ce que mon livre enseigne, est-il réel? Est-ce ainsi que je fais en parlant? Ma règle est-elle juste, ou n'est-ce qu'une vaine formule? »

Tant que cet esprit nouveau n'aura pas pénétré, tant qu'on fera apprendre mécaniquement des règles artificielles, contredites par l'usage, ces règles n'auront aucune prise sur l'enfant, aucune influence sur l'emploi qu'il fera de la langue.

Aujourd'hui, s'il est doué de quelque esprit d'observation, après avoir constaté que l'usage contredit à chaque instant ce qu'on lui apprend, il perd la foi dans l'enseignement qu'on lui donne, et, quelquefois dans le maître qui le lui donne.

CHAPITRE X

De la grammaire choisie.

La langue française, comme toute autre, offre une telle quantité de faits que force est bien à l'école primaire de *faire un choix*, et de n'enseigner que les notions les plus importantes. Tant que la grammaire a eu pour objet, à peu près exclusif, l'orthographe, il semblait qu'il fallût tout savoir pour arriver à ce résultat suprême : une dictée impeccable! Dès lors, les règles, les exceptions, les sous-exceptions, tout était d'égale valeur; on n'était jamais sûr d'en avoir assez mis. Peu à peu, malgré tout, les plus fanatiques reviennent de cette superstition de l'orthographe. On n'est plus déshonoré parce qu'on écrit *charette* avec une seule *r*, comme *chariot*, *innommé* avec deux *m* comme *nommé*, ou qu'on oublie une *s* à un participe passé.

Déjà l'arrêté du 26 février 1901, sur les simplifications de la syntaxe française, a énuméré les choses peu utiles que l'école primaire doit laisser de côté, les subtilités qui encombraient l'esprit sans aucun résultat éducatif. Les prescriptions de cet arrêté, il est vrai, sont souvent méconnues dans les classes, parfois même dans les examens, ce qui est très fâcheux. Le texte de la liste annexée devrait être affiché dans les salles, à côté de la Déclaration des Droits; car, pour modestes que soient les réformes dont il s'agit, elles sont de nature à apporter à des milliers d'enfants un véritable soulagement.

Mais, dans ce qu'on laisse debout, il est possible de retrancher encore, et de consacrer le temps ainsi gagné à des questions nécessaires à traiter, si l'on veut résolument enseigner *la langue* et non *l'orthographe*.

On va cesser de subtiliser sur le genre de *orge*, et l'arrêté permet d'écrire « *de l'orge perlée* », ou « *de l'orge perlé* ». Pourquoi ne pas étendre à d'autres mots cette tolérance? C'est d'hier qu'*énigme*, *épigramme*, *épithète*, sont féminins, tandis que *effluve* est resté masculin. Faut-il gaspiller son temps à enseigner dogmatiquement le genre de ces mots, si peu employés, ou attendre qu'il se présentent dans des lectures? Ne peut-on pas couper utilement dans les listes des grammaires?

Le nom *ail* a deux pluriels, dit-on : l'un usuel, *des aulx*, où il ne faut pas manquer d'écrire une *l* comme au XVIe siècle, sans quoi on le confondrait avec l'article *aux*, l'autre réservé à la botanique : *des ails*. Ces distinctions valent-elles la peine d'être apprises, pour n'être point sues, du reste[1]?

Quelle perte serait-ce si on rayait de la liste des conjugaisons *férir*, *gésir*, *ouïr*, *frire*, *confire*, et dix autres verbes qui ne se conjuguent plus en réalité? A l'occasion, *ci-gît*, *gisait*, *sans coup férir*, ou des *ouï-dire*, seraient expliqués, comme le sont des mots quelconques du vocabulaire. On peut donc, et on doit, faire des sacrifices — ils ne seront souvent guère pénibles — pour alléger le fardeau grammatical.

Seulement, quel critère adopter pour distinguer ce qui mérite d'être conservé? Jusqu'ici on n'eût guère hésité. Ce à quoi on devait s'attacher par ordre, sous peine d'échec, c'étaient les règles de *forme*. Je suis d'avis tout contraire : ce à quoi il faut s'attacher, c'est à ce qui intéresse le sens et la pensée.

S'agit-il du pluriel dans les noms propres, dont j'ai déjà parlé? Au lieu de montrer dans quels cas ils prennent une *s*, que le maître, puisque l'arrêté de 1901 l'y autorise, laisse mettre cette *s* partout, et écrire *les Cunys* aussi bien que *les Bourbons*.

Mais qu'il tâche de faire comprendre comment le

1. Cf. *aïeuls* et *aïeux*, *travails* et *travaux*, etc.

nom propre de *Cuny* appartient, en fait, à plusieurs individus de la même famille, et aussi à plusieurs familles; comment, d'autre part, un nom propre peut être étendu à des personnes auxquelles il n'appartient que par comparaison : *des Bazaines;* comment, enfin, par un phénomène très commun, le nom de l'homme passe à ses œuvres, à ses créations de toutes sortes : *des Corots, des lebels, des godillots.*

Tout cela, c'est l'explication et le commentaire du terme *nom propre*, c'est la correction nécessaire à l'idée qu'il implique; c'est, en même temps, l'image de la vie, où un individu fonde une famille et lui donne son nom, devient parfois un type dont le nom sert de caractéristique, laisse enfin, s'il en est capable, ce nom à un objet, ou à une idée, qui en perpétue le souvenir.

La leçon inverse doit suivre, et faire comprendre comment le nom dit commun devient nom propre, pourquoi tant de gens s'appellent *Dupont*, ou *Tailleur*, ou *Tisserand;* comment les noms de lieux sont souvent aussi des noms anciens ou modernes de choses : *La Roche*, *Belmont*, *Clairefontaine*, *La Coudraye*, etc. De la sorte, on n'arrête pas l'attention de l'élève sur le vêtement extérieur de l'idée, on pénètre jusqu'à l'idée elle-même, qu'on a l'occasion de suivre dans son développement.

Vue de haut, qu'est-ce que la grammaire, en somme? C'est l'explication des rapports par lesquels les mots s'unissent entre eux. Ces rapports sont marqués :

1° Par *la place* respective des mots : « *le rat de la fable délivra le lion, ensuite le lion délivra le rat* ». Déplacez le mot *rat*, de sujet il devient complément ou inversement.

2° Par *la forme* que prennent les mots variables. *Délivra* est à la 3e personne du singulier du passé pour marquer le rapport entre un sujet *rat* et une action dont il a été l'auteur dans un temps passé.

3° Par des *mots exprès : de* marque que le rat en question est celui dont il est parlé dans *la fable.*

L'enfant n'ignore aucune de ces façons d'exprimer les rapports, il pratique même couramment ces procédés, il en a le sens. Il s'agit, d'abord, de développer ce sens, de le rendre conscient, ensuite de familiariser l'élève avec toutes les constructions, les variations de mots, les agencements de phrases qu'il peut ignorer, si compliqués qu'ils soient; en même temps de l'exercer à s'en servir avec une entière justesse.

1° L'enfant doit pouvoir non pas raisonner sur la place des divers termes, par exemple, sur la place du sujet; mais reconnaître ce sujet partout où il se trouve, même dans : *Tel fut son destin*, ou bien : *Ainsi finit cette entreprise*.

2° Il doit posséder ses formes, c'est-à-dire, par exemple, ses temps et ses modes, de façon à ne pas prendre j'*aimerai* pour j'*aimerais*, à comprendre à l'occasion un imparfait du subjonctif, à mettre le mode qui convient, soit dans : *je parle du métier qui me fait vivre*, soit dans : *j'ai bien un métier, mais je rêve d'un métier qui me fasse vivre*, ou *je cherche un métier qui me ferait vivre*.

3° Il doit enfin user des « mots-outils », comme on les a appelés, de façon sûre, construire avec eux et sans eux des compléments de tous ordres, des propositions aussi, sans se perdre dans les *qui*, les *dont*, ou les *que;* être, en un mot, maître de la structure de sa phrase.

Tout enseignement qui ne va pas dans ces directions s'égare hors de la voie principale. Sans doute, il y a dans le langage bien des sentiers à parcourir et des buissons à battre, mais l'école primaire n'est pas l'école buissonnière. Elle ne doit jamais perdre de vue le but.

CHAPITRE XI

De la grammaire souple. Le sens de la vie.

Ce n'est pas tout. Il faut désankyloser la grammaire; il faut introduire dans l'enseignement grammatical une souplesse de doctrines qui n'y existe pas, et qu'exigent cependant la diversité extrême et la mobilité incessante du langage. Trop souvent on prétend faire entrer de force les faits dans des cadres rigides, en nombre limité, et les y enfermer. Pour un peu, quand l'usage s'en échappe, on prétendrait que c'est lui qui a tort, qui se trompe. On s'en prend à la vie, qui ne tient pas dans les formules.

La proposition est un de ces cadres. Pour la grammaire usuelle, tout ce qui n'est pas proposition est quelque chose d'anormal ou d'inférieur, souvent de négligeable, alors qu'en vérité presque toute proposition secondaire peut être remplacée par un groupe de mots, simple complément, qu'on ne se donne point la peine de classer. Considérons un fait quelconque. Dans « *j'ai vu qu'il arrivait* » le complément d'objet du verbe *j'ai vu* est une proposition : *qu'il arrivait*, mais n'a-t-on pas un sens analogue dans : j'ai vu *son arrivée*, dans : je l'ai vu *arriver*, ou même dans : je l'ai vu *qui arrivait?* N'y a-t-il pas dès lors autant d'intérêt à étudier l'un de ces tours que l'autre, et n'est-il pas indispensable de les rapprocher pour les comparer, et montrer les nuances marquées par ces formes syntaxiques diverses? L'une n'est pas plus que l'autre, elle ne vaut ni plus ni moins : c'est autre chose.

On s'en apercevra quand on se sera émancipé, d'une part de la grammaire logique, et, d'autre part, de l'habitude — héritée de la grammaire latine — de donner la prééminence au chapitre syntaxique où il est question des temps et des modes.

En étudiant le vocabulaire, on rapproche les mots qui ont des significations analogues, sans s'inquiéter s'ils commencent par des lettres diverses ou s'ils ont des radicaux différents. Pourquoi ne pas rechercher et comparer les *synonymes syntaxiques?* Je veux bien qu'on considère les *propositions suppositives*; puisqu'elles comportent des difficultés spéciales, mais à la condition qu'on n'ait pas l'idée de limiter à ces propositions l'expression des suppositions, et que toutes les formes équivalentes soient examinées en même temps. Or, on sait s'il y en a, et de toutes sortes[1].

Évidemment cette méthode va déranger d'anciennes classifications. Il était tellement plus commode de traiter de propositions indépendantes les deux propositions des phrases suivantes :

« Dites-lui une chose aimable, il vous répond par une boutade. »

« S'agit-il d'acheter une terre, le paysan s'empresse. »

Seulement, ce système si commode dans sa simplicité mécanique était tout à fait faux.

De même, il n'est pas blâmable de faire deux classes des subordonnées et des coordonnées, et cette division peut être utile en maintes circonstances. Mais c'est à la condition qu'un système de coordination n'apparaisse pas comme une construction essentiellement différente de l'autre, qu'on ne se figure pas, d'une part, des égaux qui sont sur le même rang, et, de l'autre, un maître qui commande à des inférieurs. Sans doute, cela est vrai quelquefois, mais non toujours, et la réalité a vite fait de renverser les barrières arbitraires.

Si le maître dit à un élève : « *Ton devoir d'aujourd'hui est manqué, mais il a été travaillé, je lui donne*

1. Voir la Méthode Brunot-Bony (Cours moyen et supérieur), p. 340.

la note 6 », il fait un raisonnement au moyen de trois propositions coordonnées. Il ferait exactement le même s'il disait : « *Quoique ton devoir d'aujourd'hui ait été manqué, comme il a été travaillé, je lui donne 6* », en rendant subordonnées deux des trois propositions. Il y a, entre les deux façons de s'exprimer, une différence de *forme*, mais non une différence de *rapports*.

Je ne voudrais point alléguer dans cette discussion les arguments tirés de l'histoire; je ne puis cependant passer sous silence ce fait, que la règle qu'on impose, qu'on présenterait presque comme nécessaire au nom de la logique ou d'autre chose, n'était pas la règle d'hier. Il semble, à voir les théories sur les verbes appelés ici *actifs* et *neutres*, ailleurs *transitifs* et *intransitifs*, qu'un fossé infranchissable les sépare; or, en fait, il n'y a presque aucun intransitif qui n'ait, à un moment donné, pris un complément direct : *obéir*, *contribuer*, et jusqu'à *mourir*, car on lit dans Roland : « *Mort m'ad mes homes*, ma tere degastee (Il m'a tué mes hommes, il m'a dévasté ma terre) ». Et demain, peut-être, l'on dira : « *Je l'ai dormie*, votre leçon sur les intransitifs. » Et cela se comprendra de soi-même, et cela dira quelque chose, qui n'est pas exprimé par : *j'y ai dormi*.

Puisque le langage, fonction de l'espèce, est,

comme l'espèce elle-même, dans un éternel devenir, ne donnons pas à des choses changeantes et mouvantes l'apparence de choses rigides et fixes. Introduisons dans la grammaire le sens de la vie.

On sent bien que je touche ici à une grosse question, devant laquelle je ne veux point me dérober. N'est-il pas nécessaire, pour arriver à donner une image exacte de la langue, d'introduire quelques notions d'histoire, et de substituer par endroits à l'explication logique, désormais rejetée, l'explication historique, la seule vraie, comme il a été dit plus haut?

Je ne suis point suspect de tiédeur à l'égard de l'Histoire de la Langue, qui a occupé toute ma vie; néanmoins j'ai acquis depuis longtemps la conviction qu'il ne faudrait point tomber d'un abus dans un autre. Et voici ma conclusion : Il serait très utile à l'instituteur d'avoir quelques notions de grammaire historique pour lui. Quant à l'usage, très prudent, qu'il en devrait faire, ce serait, suivant moi, celui-ci : il en profiterait pour donner partout à ses règles un caractère moins raide, moins impératif, et, dans quelques occasions, il utiliserait directement l'histoire pour éclaircir et simplifier sa leçon.

Commençons par le second point. Pour faire apprendre les féminins *belle*, *nouvelle*, le plus simple n'est-il pas de rappeler qu'ils sont formés sur un ancien masculin *bel*, *nouvel*, qu'on retrouve dans : un *bel* oiseau, un *nouvel* ami? Et, dans la formation si compliquée du pluriel, au lieu de donner une règle générale, à la suite de laquelle on énumère des exceptions sans fin : *travaux*, *canaux*, *cieux*, etc., qui paraissent comme autant de monstres sans relation avec le type ordinaire, n'y a-t-il pas avantage à conter les faits tels qu'ils se sont passés? Autrefois *s* du pluriel se prononçait *z* devant une voyelle, comme aujourd'hui, et *s*, chaque fois que la voix s'arrêtait. *Tous* offre un exemple parfait de cette ancienne prononciation conservée : j'ai *tou*(*s*) mes amis ici; à *tou-z* égards; je les vois *tou-s*.

Un *s* ainsi articulé influait sur les consonnes précédentes, particulièrement sur *l*. En plein moyen-âge, ce *l* est passé au son de *u* (ou) devant *s*, comme devant toute consonne : *mals* est devenu *máus* (prononcez *má-ous*), comme *mal-dire* est devenu *maudire*. Du XIIIe au XVIe siècle, *áou* a passé au son simple de *o* qu'il a aujourd'hui, d'où le pluriel *maus*, (prononcez *mos*), *maux*, où on a écrit *x* par suite d'une erreur, en prenant pour une *x* une abréviation commune dans les manuscrits, et qui figurait *us*.

A partir du XVIe siècle, *s* final cesse de se prononcer, et, naturellement, ne se prononçant plus, n'agit plus, ne peut plus produire l'effet qu'il produisait antérieurement. *L* n'est plus prononcé en mettant la pointe de la langue vers le palais, mais vers les dents, et, par conséquent, ne peut plus passer à *ou*. Les éléments en présence sont changés, le résultat diffère totalement.

A côté de l'ancien pluriel, on voit dès lors s'en former un nouveau où une *s*, *purement orthographique*, ne change plus la consonne antérieure : *bals*, *chevreuils*, etc.

Supposons l'instituteur instruit de ces faits, ce qui en va pénétrer dans son enseignement sera singulièrement précieux. Il présentera ces pluriels différents comme des produits de deux âges consécutifs. On dit :

Avec le pluriel ancien,	Avec le pluriel moderne,
le *ciel*, les *cieux*,	l'*hôtel*, les *hôtels*,
un *œil*, des *yeux*,	un *chevreuil*, des *chevreuils*,
un *journal*, *des journaux*,	un *bal*, des *bals*,
un *travail*, des *travaux*,	un *éventail*, des *éventails*, etc.

Donnée sous cette forme, la leçon satisfait l'esprit[1].

Je reconnais qu'on ne pourra pas toujours tout

1. Une leçon ainsi faite sera utilisée ensuite à diverses occasions : 1° dans la dérivation : pour expliquer *maugréer*, *malgré*; 2° dans l'étude des formes du verbe : *il vaut*, *nous valons*. Bien entendu, on peut faire une leçon analogue sur d'autres mots, ainsi sur les mots en *f*. Comparez : un *œuf*, des *œufs* (prononcez : *œu*), à un *chef*, des *chefs*.

expliquer ainsi; la fantaisie brouillonne et prétentieuse des individus, particulièrement des grammairiens théoriciens, a souvent troublé l'évolution naturelle. Elle a créé des faits anormaux. Néanmoins, il y a possibilité de faire apparaître la masse des usages et des règles autrement que comme des fantaisies de l'arbitraire. La plupart des exceptions ne sont que des survivances du passé : *grand' mère*, l'*hôtel-Dieu*, un *fils à papa*, advienne *que* pourra, etc...

Ainsi enseignée, la grammaire perd le caractère mystérieusement dogmatique qu'elle a aux yeux de bien des gens. Car aujourd'hui, de la meilleure foi du monde, certaines personnes s'imaginent qu'il existe quelque part des savants ou des écrivains qui détiennent une vérité absolue, une règle immanente, qu'ils promulguent souverainement. Substituer à cette vaine imagination le sentiment exact des choses, montrer qu'en grammaire il n'existe point de dogmes qu'on doive recevoir sans comprendre, et accepter comme des vérités surnaturelles, c'est une nécessité. De la sorte, la pédagogie grammaticale se retrouve en harmonie avec la pédagogie générale de l'école laïque, qui veut former les esprits à la réflexion et au libre examen.

Mais dès lors, m'objectera-t-on, le sentiment de

la règle va disparaître. L'objection vaut ce qu'elle vaut en politique. Il s'agit de savoir si l'obéissance raisonnée à un ordre, dont on comprend la nécessité, n'est pas supérieure, moralement et pratiquement, à la soumission imposée par force à une loi qu'on reçoit, sans essayer même de la comprendre. Depuis près d'un siècle, les écrivains ont secoué le joug des grammairiens ; la masse seule doit-elle rester aveuglément soumise? Ne peut-on rien espérer d'elle qu'à la condition d'une servitude absolue? Est-il impossible de lui faire comprendre que parler suivant l'usage général est le seul moyen sûr d'être entendu de ceux à qui l'on parle? et que la langue ne peut servir à sa fin, qui est d'être un instrument d'échange, qu'à la condition expresse d'être commune à ceux qui s'en servent, c'est-à-dire conforme chez chacun à l'usage général?

A prendre les choses de ce biais, on risque sans doute de provoquer un peu de dédain pour les vétilles. Il y a de grandes chances pour que bien des formes et des tours qu'on veut laisser à la porte entrent dans la maison. On confondra, peut-être, *ressortissant* et *ressortant*. Mais si on venait à dire : *Je pars à la campagne*, ou : *je sors de le voir*, le mal serait moins grand que d'autres qui nous menacent. Pendant qu'on s'attarde à de si insignifiants détails, les barbares sont à nos portes ; l'argot, cent jargons des métiers ou des sports, des façons de parler populacières s'implantent et se généralisent. L'accent tonique se déplace, menaçant de défigurer entièrement les mots. On dit dans les faubourgs de Paris : avoir du *boulot* pour : avoir du travail, et c'est moins du mot lui-même, quoique argotique, que j'ai peur, que de cette tendance à laisser tomber les finales, car, si elle devait triompher, elle mettrait autant de distance entre le français de demain et celui d'aujourd'hui, qu'il y en a entre le roman-français du xe siècle et le latin. Ce serait une autre langue.

Voilà les vices dont il faut garder nos écoliers et notre français, si nous voulons que ce français reste lui-même. Montrer clairement le tort qu'on lui fait et qu'on se fait à soi-même en parlant mal, donner un enseignement qui inspire un respect conscient pour la langue dépositaire de tant de pensées géniales, et qui est notre propriété collective : voilà, je crois, des moyens qui valent mieux pour arriver à la préserver de la décadence que la menace de la férule, et l'usage d'une autorité, absolue en théorie, mais dont la toute-puissance est, en fait, à peu près discréditée et usée.

CHAPITRE XII

La méthode en grammaire. Plus de définitions, ni de théories bâties sur des définitions.

Il faut rompre d'abord complètement, absolument, avec la méthode *déductive*, qui part des définitions. Dans certaines sciences, il est possible de s'appuyer sur des définitions rigoureusement exactes, comme celle des parallèles ou du triangle rectangle. En grammaire, il n'y a jamais de définition strictement vraie, si cette définition n'est pas bornée à la forme, et il n'y en aura jamais.

Quand on dit : « Le passé composé de l'indicatif est le passé qui se forme de l'auxiliaire *avoir* ou *être*, au présent, et du participe passé », cela est juste. Mais, sitôt qu'on essaie de résumer les emplois de ce temps, on est forcément ou dans le vague, ou dans l'erreur, quelquefois dans le vague et dans l'erreur à la fois.

Voici une première définition : « Le parfait indéfini indique un fait accompli à un moment indéterminé. » (CHASSANG.) Ceci est parfaitement absurde, comme le premier exemple venu le montre : *Je suis entré hier au Louvre*, ou : *J'ai perdu mon oncle Pierre, il y a cinq ans.*

Voici une deuxième définition : « Le passé indéfini s'emploie sans relation nécessaire à une époque déterminée. » (LEMAIRE.) Il est impossible de tirer de cette définition, purement négative, quoi que ce soit de précis relativement aux emplois du passé composé.

Il n'est pas plus facile de dire ce que c'est qu'un *article défini*. La définition commune est : « Mot qui se met devant les noms dont le sens est déterminé ». Sans doute, en certains cas, cela est vrai : *la maison que j'habite; le livre de mon voisin*. Mais, quand je constate que *le bétail est cher cette année*, est-ce qu'il s'agit d'un bétail déterminé, comme quand je dis : *le bétail* de la ferme des Hauts-Champs a la fièvre aphteuse? Et quand on raconte qu'un homme est mort pour avoir abusé de *l'alcool*, est-ce qu'on parle d'un alcool déterminé?

C'est pour cette raison profonde que, malgré des efforts énormes, et après des essais et des retouches séculaires, les définitions sont ce qu'elles sont. Les pires de toutes sont celles qui prétendent s'appuyer sur l'étymologie du mot à définir : « Verbe substantif, verbe qui marque la substance ». Il est à espérer qu'après la réforme des nomenclatures, toutes les définitions qui sont faites sur ce modèle auront disparu.

Mais les autres ne sont guère préférables. J'ai sous les yeux un livre qui dit : « *L'adjectif est ainsi nommé, parce qu'on l'ajoute au substantif, pour en modifier la signification.* » On sent l'effort fait pour embrasser à la fois l'adjectif qualificatif et l'adjectif déterminatif; mais, à force d'être élargie, la définition est vide de sens, et convient à d'autres mots qu'à l'adjectif : tout mot qu'on ajoute au nom — un autre nom, un participe passé, un adverbe — en modifie plus ou moins le sens.

D'après le même livre, l'adjectif déterminatif est celui « *qui indique la manière d'être particulière sous laquelle on envisage le nom.* » Quelle peut bien être cette « manière d'être » quand on dit : « *ces arbres* »?

La préposition est « *un mot invariable, placé devant les noms ou les pronoms, pour les unir avec une autre expression dont ils complètent le sens.* » Cela est souvent vrai; mais voici une phrase de La Fontaine :

Bertrand avec Raton... Avaient un commun maître

où le nom *Raton*, précédé de la préposition *avec*, n'est pas un complément de *Bertrand*. La préposition *avec* n'a-t-elle pas ici un rôle analogue à celui de la conjonction *et?*

L'adverbe est « *un mot qui se met près du verbe pour en modifier l'idée attributive* », soit. Mais, dès le XVIe siècle, Sanchez en faisait l'observation aux grammairiens latins de son temps, l'adverbe se met aussi bien près d'un adjectif ou d'un autre adverbe, je vais *très loin*, vous faites votre café *trop*, *bien*, *assez*... *fort*.

Je n'ai pas besoin d'insister sur le premier vice de ces définitions, qui est de n'avoir aucune valeur pédagogique, puisqu'elles sont à peu près incompréhensibles pour l'enfant. On s'imagine sans peine ce qu'apporte de clarté à un cerveau de onze ans l'idée que, dans : *Va vite*, « *vite* modifie l'idée attributive contenue dans le verbe *aller* » ! Tous ces grands mots ne correspondent à aucune idée.

Et si, par extraordinaire, un sujet, supérieurement doué, arrive à y démêler quelque chose, que pense-t-on qui arrivera, quand des exemples tout simples, tout communs, viendront démentir ce qu'il a eu tant de peine à comprendre? Après qu'il aura peiné pour apprendre qu'un *radical* est « *la portion du verbe qui ne change pas* », il lui faudra constater qu'un même verbe, au lieu d'avoir un seul radical, en a jusqu'à trois dans un même temps :

Je prend-s : (le radical est en réalité en *a* nasal);

Nous pren-ons : (le radical est en *eu* bref suivi de *n*);

Ils prenn-ent : (le radical est en *è* ouvert suivi de *n*);

Voilà de l'immuable qui change bien vite! Et pour peu qu'on conjugue le verbe entier, nouveaux avatars! Dans je *pr*-is le radical est réduit à la seule articulation initiale. Exceptions, sans doute! mais exceptions si nombreuses qu'elles obscurcissent totalement règles, définitions et théories!

Pareils procédés d'enseignement, qui déconcertent l'enfant, qui le conduisent de contradiction en contradiction, et qui ruinent aujourd'hui ce qu'ils édifiaient hier, sont jugés par tous les pédagogues. Ils sont la négation même de la pédagogie.

Pourquoi essayer de définir le radical, et ne pas faire observer simplement que, dans tous les verbes, les terminaisons s'ajoutent à une portion qui renferme la signification propre du mot, et qui tantôt change avec les temps et les personnes, et tantôt ne change pas? Qu'on donne ensuite un exemple de chaque cas : *je chante*, *nous chantons*, *je lève*, *nous levons*, et alors on conclura : « Cette portion à laquelle s'ajoutent les terminaisons s'appelle *radical.* »

Ce n'est rien que ce changement, et c'est tout; car c'est la substitution d'une méthode à une autre.

On ne *commence* plus par une *définition*, on ne *finit* même pas par elle; car ce que je viens de dire n'est pas une *définition*, c'est une *appellation*. Il y a une différence totale, essentielle, entre la *définition* qui dit : *Le verbe est un mot qui*... et cette simple *constatation : Le mot qui, dans cette phrase, lie l'attribut au sujet, s'appelle verbe. — Le mot qui dit ce que fait ici le sujet, s'appelle verbe.*

Avec le premier système, je suis obligé, sous peine d'erreur, de renfermer dans ma phrase toutes les fonctions du verbe, et je ne le puis pas. Avec le second, quand je l'ai vu en fonctions, que j'ai examiné et compris ce qu'il fait dans une phrase, puis dans une autre, où il n'a pas le même rôle, je *nomme* verbe le mot que je viens d'observer : rien de plus.

CHAPITRE XIII

La méthode inductive. Tout fonder sur l'observation. Comment la conduire?

Qui ne voit qu'un changement complet de la leçon de grammaire, de l'ordre à y suivre et de la méthode à y employer, résulte de ce qui précède? Un fait est proposé à l'élève, — au début un fait de son propre langage, — puis, progressivement, un fait, ou plusieurs, pris dans un texte. Ce fait est relevé et observé. On l'explique, on le rapproche d'autres faits, et alors il se généralise. L'exemple est, je suppose, un adjectif au féminin : *ma règle est droite*. On en cherche d'autres : *la plume est piquante*, etc., et il apparaît, par le rapprochement, que *piquante* est au féminin comme *droite*, parce que les sujets sont féminins. Peu à peu on interroge; les élèves proposent d'autres phrases, les exemples se multiplient, jusqu'à ce que le fait général se dégage avec son vrai caractère, qui est de se reproduire toujours dans les mêmes conditions, c'est-à-dire chaque fois que le sujet est féminin. Désormais l'enfant sent qu'il est en présence d'un phénomène constant comme une loi physique et naturelle, telle que : c'est l'automne, les feuilles tombent. Il ne reste plus qu'à *formuler la loi*. La classe le fera d'elle-même; il n'y aura guère qu'à en rectifier la forme extérieure. *Cette loi, c'est la règle*. Se produisant à ce moment, quand elle aura été découverte par un effort personnel, ne voit-on pas qu'elle aura une autre réalité, une autre autorité pour l'enfant que si on a commencé par elle, que si on l'a énoncée toute faite, sauf à la faire reconnaître plus tard dans des exemples?

Cette méthode a pour elle l'autorité de la science même, qui procède ainsi, puisque les lois scientifiques de la linguistique historique ou comparée ne sont que des faits observés et généralisés. Mais en outre, est-il un pédagogue qui ne comprenne l'avantage de substituer la méthode inductive à l'autre? Le résultat immédiat est déjà grand, le résultat lointain est plus grand encore. Cette collaboration de l'enfant éveille en lui l'esprit d'observation, l'habitue à rapprocher des faits les uns des autres, à démêler des raisons là où auparavant il n'avait qu'à obéir et à croire. C'est tout profit pour le jugement.

On compromettrait le résultat obtenu si, au lieu de continuer dans la même voie, on avait recours, pour assurer la possession de la règle, à des procédés mécaniques. Ce serait une fâcheuse idée que de faire apprendre par cœur la formule trouvée, avec l'exemple qu'elle peut contenir. Si l'enfant interrogé donne avec d'autres termes une formule équivalente, s'il fabrique un exemple, tant mieux : cela prouvera qu'il aura compris. Bien entendu, il faut encore moins charger la main que la mémoire de faire le travail de l'intelligence : ce n'est pas en copiant machinalement qu'on apprend quoi que ce soit. Assurément, c'est un devoir commode à choisir qu'un tableau de conjugaison, mais ce n'est pas un devoir, c'est un pensum, qu'il soit donné ou non en punition. Pendant que s'allonge, sur une ou plusieurs colonnes, la liste interminable des formes inexpliquées et inappliquées, la tête de l'enfant est ailleurs, heureusement! Cela est si vrai que, s'il s'est trompé sur le point de départ, il ira tranquillement, consciencieusement, jusqu'au bout de son erreur.

J'en ai recueilli quelques exemples comiques. Voici un élève de onze ans qui, s'étant trompé de tableau, a conjugué imperturbablement le verbe *arriver* :

Imparfait : *j'avais arrivé en retard.*
Passé défini : *j'eus arrivé en retard.*
Passé indéfini : *j'ai eu arrivé en retard*, etc.

En voici un autre qui, avec une conscience scrupuleuse, sans une seule faute sur les terminaisons, qu'il reproduit évidemment d'après le modèle de *finir*, conjugue *se mal tenir*, et qui, se trompant de radical, écrit sans broncher les 24 formes des 4 premiers temps de l'indicatif de la manière suivante :

Présent : je *malteis*, tu *malteis*, il *malteit*, nous *malteissons*...

Imparfait : *Je malteissais, tu malteissais*...

Passé indéfini : *j'ai maltei*...

Le maître ayant fait recommencer le devoir, l'élève a pensé qu'il fallait prendre un autre tableau, et il a modelé *tenir* sur *aimer*. *Je me tiente mal, tu te tientes mal, il se tiente mal... je me tientais mal... je me tientai mal*, etc..

Osera-t-on soutenir qu'un tel pensum, même refait, aura contribué à apprendre à ce malheureux les formes du verbe *tenir?* Lors même qu'il serait mis en mesure, par ces déplorables procédés, de les débiter ensuite, saura-t-il s'en servir? Or, c'est là qu'est l'essentiel : une forme sans son emploi est comme un mot sans sa signification; du son, du vent, et rien de plus.

Il y aura lieu, pour appliquer la méthode d'observation, de se souvenir de ce qui a été dit plus haut, qu'il y a dans notre français une langue à la fois écrite et parlée, et une langue seulement écrite. Or, l'enfant apprendra à l'école à écrire correctement, mais il sait déjà parler. C'est, par suite, sur la langue parlée qu'il faut fonder les premières observations. S'agit-il, par exemple, avant d'entrer dans le détail de la conjugaison du verbe, de donner à l'enfant l'idée de la personne, il faut soumettre à son examen *nous parlons* et *vous parlez*, qui diffèrent pour l'oreille, et non pas *je parle*, *tu parles*, où il ne s'habituera qu'après des années de pratique à mettre l'*s*, cette *s* que jamais il ne prononce, même en liaison.

Je n'hésite pas à dire que, pour la même raison, *un cheval*, *des chevaux*, lui donneront plus facilement l'idée du pluriel que *un âne*, *des ânes* [1]. Singulière méthode, dira-t-on, que de commencer par l'exception ! Mais cette idée de l'exception est vraiment trop grossière. Le pluriel de *cheval*, *chevaux*, est, comme on l'a vu plus haut, une application ancienne de la règle de l'*s* : c'est un pluriel régulier d'autrefois. Avec le système actuel, la plupart du temps, les formes régulières, celles qui ont survécu depuis les époques les plus anciennes, sont qualifiées d'exceptions ! Il ne faut pas s'y méprendre.

1. C'est pour cela que dans la Méthode Brunot-Bony (Cours préparatoire), p. 23, nous avons commencé l'étude du pluriel par *animaux* et *chevaux*.

Au reste, si dans ce cas on ne m'accorde pas que la commodité pédagogique impose de commencer par un pluriel particulier, ces réserves ne contredisent nullement le principe que je pose. Il faut s'appuyer en général sur l'observation par l'oreille. Ne le faisons-nous pas nous-mêmes dans les cas difficiles de syntaxe? Nous choisissons une phrase où un subjonctif soit bien distinct d'un indicatif pour réfléchir sur les constructions douteuses. Vous n'irez pas donner comme exemple la phrase : « Le squelette dernièrement trouvé dans la Corrèze est d'un haut intérêt; c'est le seul *qu'on possède* d'un homme qui n'est pas l'homme actuel. » *Possède* ayant la même forme à l'indicatif et au subjonctif ne peut servir de matière à observation. Vous direz : c'est le seul *qu'on ait*, *que nous ayons*, ou : *que nous possédions*.

Il faudra un effort énorme, je le sais, pour se dégager de la lettre, qui emplit les yeux et par suite les cerveaux, et pour se rendre compte que l'enfant l'ignore, que, pour lui, elle n'est rien. Mais il faut faire cet effort, si on veut, comme le bon sens l'exige, mener l'élève du connu à l'inconnu.

CHAPITRE XIV

N'enseigner la grammaire ni pour l'analyse ni par l'analyse.

Il faudra moins d'efforts, je l'espère, pour détacher les maîtres de l'analyse. Dans les revues, dans les conférences, plusieurs d'entre eux ont signalé les ravages faits par cet exercice. L'un d'eux n'avait-il pas pris cette formule hardie : « Il n'y a rien de plus illogique que l'analyse logique ». J'en proposerais volontiers une aussi nette : « *N'enseigner la grammaire ni pour l'analyse, ni par l'analyse* ».

Les rédacteurs des programmes officiels eux-mêmes — les derniers avertis, par définition — ont eu comme honte de l'importance prise par l'analyse dans les classes : ils ont prescrit de renoncer à l'analyse *écrite*. Orale, elle prend moins de temps, et laisse aussi moins de traces.

Certes, je rends hommage en toute sincérité aux hommes éclairés qui, voyant le mal, se sont efforcés de le diminuer. *Le Volume* publiait, à la fin de 1908[1], des propositions très sensées à ce sujet. On cherche un système à la fois assez général pour y faire entrer les faits et assez simple pour ne pas perdre les enfants dans un dédale inextricable. Malheureusement ce système n'existe pas; et les maîtres savent qu'il n'y a d'analyse possible que sur de bons petits textes, préparés et arrangés à l'avance. S'il fallait donner en exercice à une classe quelconque une colonne d'un journal du jour, personne ne serait sûr d'en sortir, ni élève, ni maître, ni directeur, ni inspecteur. J'ajoute que moi-même, je serais peut-être capable d'expliquer les raisons historiques qui ont amené la formation de telle ou telle locution, de telle ou telle forme de langage; je me déclare tout à fait impuissant à lui mettre une des étiquettes en service, ou à fournir un jeu d'étiquettes pour une nouvelle classification.

J'ai déjà fait allusion aux formes impersonnelles, qui sont en pleine évolution. Bien hardi sera celui qui y marquera le « sujet logique » ! Qu'on essaie d'analyser la simple phrase : « *Il y a dix ans de cela* ». Si j'avais la chance de redevenir écolier, je dirais que c'est *un gallicisme*. Avec ce mot qui ne veut rien dire, on se tire de tout. Mais d'analyser la phrase logiquement, point d'espoir.

1. N[os] des 14 novembre et 12 décembre 1908.

Voici un autre exemple, qui n'a rien d'extravagant : c'est le compte rendu d'une fête scolaire. J'ai un peu « tripatouillé » la phrase, j'en conviens ; mais il me semble que, telle quelle, elle reste du langage courant : *D'après les journaux* de l'opposition, la fête d'hier *aurait* entièrement échoué. *Il n'en est rien.* La réunion a eu lieu dans le préau couvert, *avec* un plein succès. Tous les enfants *s'en* sont donné *à cœur joie*, *quitte à* se reposer demain dimanche. Après avoir un peu dansé, on s'est séparé vers les huit heures, *sans qu'*aucun incident se fût produit. »

Où pense-t-on que ce texte si simple pourrait être donné en sujet d'analyse? Et alors, si cet exercice n'est pas applicable à la langue la plus ordinaire, à quoi sert-il donc? Je répondrai :

Pour la théorie grammaticale, il sert à la *fausser*. Il enseigne à étiqueter *quelques* faits, au lieu d'enseigner à comprendre *tous* les faits. Il détourne sur *les noms* à donner aux tours ou aux formes l'attention qu'on devrait donner à leur *valeur* et à leur *sens*.

Admettons qu'on renonce aux folies dont j'ai parlé, à l'abus des mots techniques que la Commission des nomenclatures a si justement condamné, il n'en reste pas moins que les formules ne seront jamais justes, parce qu'on ne peut les faire assez multipliées, et que, seraient-elles justes en théorie, elles ne feront souvent, dans l'application, que desservir l'intelligence.

Quand l'enfant sera parvenu à savoir comment analyser : *Voilà les maux principaux qui sévissent sur l'agriculture*, quand on lui aura expliqué que *voilà* est l'ancien impératif *voi* (s) + l'adverbe *là*, quand il en déduira que cet ancien impératif forme la phrase principale, croit-on qu'il aura vraiment pénétré la valeur de ce tour, qui présente, comme un geste, l'idée essentielle? Proposition, préposition, adverbe, tous les mots lui donneront une idée fausse. Pourquoi donc en faire l'objet de sa recherche? Lui enseigner comment, à l'aide des mots *voici*, *voilà*, analogues à des démonstratifs, il met en lumière telle idée ou telle portion de l'idée, quel usage et quel abus on fait de ces moyens, c'est de l'enseignement; les classer à grand renfort de mots techniques, c'est du verbalisme.

Je n'excepte pas de mes critiques certaines choses généralement admises : j'y ai touché déjà en parlant de la logique. Voici un des nombreux exemples où, par l'emploi de divers procédés, on brise le cadre rigide de la phrase française : « *Qu'il y ait de l'argent à gagner dans cette affaire*, *ceci est hors de doute* ». Va-t-on apprendre à l'enfant, par analyse, que la première proposition n'est pas la principale?

C'est grammaticalement incontestable. Mais il reste à expliquer que ceci n'est vrai que de la forme. Sinon pourquoi l'aurait-on mise en avant? et le sens véritable, celui qu'on veut faire entrer dans les cerveaux, celui pour lequel on a payé la réclame où figure cette phrase, n'est-il pas : *il y a de l'argent à gagner?*

Ajoutons qu'à cette école on enseigne à imaginer ce qui n'existe pas. Ne pouvant multiplier les types à l'infini, on a catalogué des *formes-types* de langage, auxquelles on ramène tout, de gré ou de force. Le souci de trouver partout des propositions fait qu'on invente souvent des parties de proposition, voire des propositions entières, qui n'existent pas dans le texte examiné. Nous en avons vu, dans ma première leçon, d'édifiants spécimens. En chimie, on analyse un corps pour trouver les éléments qui le composent; en grammaire, on cherche en outre ceux qui devraient le composer, et, s'ils manquent, on les ajoute!

En vain le texte lui-même vous avertit de prendre garde. Par exemple, dans cette phrase : « *Henriette a deux ans de plus que moi* », il est bien visible que *moi* est un complément, il est au cas complément. Si, comme l'analyse l'affirme, il fallait compléter par un verbe, on serait obligé de changer le pronom, et de le mettre au cas sujet :

que *je* n'ai. Qu'importe! On enseigne de suppléer *n'ai* : *deux ans de plus que moi n'ai*. Et voilà la proposition refaite! C'est du petit nègre, mais l'analyse est satisfaite : elle est la maîtresse du langage, elle refait la nature!

L'analyse grammaticale est moins prétentieuse. Son principal défaut est d'être fastidieuse, de répéter, sans profit aucun, des notions cent fois ressassées :

les, pluriel de l'article défini,

sont, 3e personne du pluriel de l'indicatif présent du verbe *être*, etc.

A y regarder de près, ces rabâchages ont d'autres inconvénients que celui d'ennuyer les élèves : ils noient dans le demi-jour d'énumérations somnolentes les faits intéressants : comme tout est au premier plan, rien n'y est plus.

Si l'on doit conserver l'analyse, c'est à trois conditions :

Premièrement, qu'on en fasse un moyen de contrôle, non un procédé d'enseignement;

Deuxièmement, qu'elle soit partielle et non totale, ce qui lui permettra d'être variée et progressive;

Enfin qu'elle s'abstienne, autant que possible, des termes techniques.

Je commencerais volontiers par ce dernier point. A-t-on donné à rechercher les *sujets* dans un texte, on devra tolérer que l'enfant désigne simplement, à sa façon, sous une forme quelconque, le mot qui exprime celui *qui fait l'action*. Si notre élève le reconnaît — et c'est assez difficile déjà, quand il y a plusieurs sujets, quand un collectif est suivi d'un complément, quand le sujet est un adverbe de quantité, comme *beaucoup* — ne lui demandez pas autre chose, il a compris les rapports des mots entre eux, et c'est là l'essentiel. Il n'emploie pas les termes *sujet*, *sujet simple*, *composé*, *logique*, *réel*, *collectif*, etc., mais il trouve exactement les mots qui ont cette fonction. Que veut-on de plus? Ce n'est pas un grammairien que nous formons.

Croit-on que les mots *multiplicande* et *multiplicateur* restent longtemps dans les esprits après la sortie de l'école? Tous gardent cependant le souvenir de la façon dont se fait la multiplication. Le principal n'est-il pas là? Dans la soustraction, y a-t-il deux termes pour désigner le grand nombre et, le petit. Cependant, ici, ils seraient nécessaires, semble-t-il, puisqu'on ne peut intervertir « l'ordre des facteurs ». Néanmoins on s'en passe, et sans inconvénient.

Quand nous délivrerons-nous de la superstition des termes techniques à l'école, de ces termes qui sont un des plus fâcheux produits du pédantisme?

Qu'on les subisse, soit! mais qu'on cesse de les chercher, ainsi que le fait l'analyse, dont c'est actuellement, hélas! un des principaux objets.

Il faut aussi se déshabituer de donner des analyses générales : on ne fait que bien rarement des révisions d'ensemble, et elles risquent d'être confuses. Ce que demandent avec raison les pédagogues, c'est que, de temps en temps, on jette un coup d'œil en arrière, pour s'assurer que les choses apprises sont désormais sues. L'analyse offre un moyen de contrôle, parmi d'autres. Ainsi, on aura enseigné les féminins. Chercher, dans un texte donné, les adjectifs et les noms féminins, voilà un objet d'analyse partielle et utile, qui, au reste, ne différera en rien d'un exercice ordinaire.

Comme tous les autres exercices, celui-ci devra être gradué. Ainsi on aura commencé par voir à quoi se rapportent les compléments divers dans une phrase; ce sera une connaissance essentielle, longue à acquérir; il conviendra de vérifier par des essais d'analyse si le résultat est obtenu.

Ensuite on étudiera lentement, et un à un, les procédés par lesquels un complément ou une proposition se rattachent à un terme quelconque; on apprendra à reconnaître si la construction est *directe* ou *indirecte*, c'est-à-dire s'il y a, ou non, un mot exprès pour faire le lien. La Commission des nomenclatures a accepté, d'après la méthode Brunot-Bony, ce système si commode : « des pompiers, la hache à la main » (construction directe), « des pompiers, *avec* une hache à la main » (construction indirecte). Quand on voudra constater si les élèves voient bien nettement la façon dont les compléments s'unissent au complété, une révision appropriée, ou plusieurs, seront à leur place.

Enfin, ce n'est rien de savoir qu'un mot est le complément d'un autre, voire même qu'il en est le « complément direct » ou « indirect », si on ne sait pas en quoi le second complète le premier. Après qu'on aura étudié les compléments qui indiquent le temps, par exemple, il sera tout naturel de faire chercher à l'enfant les compléments de temps dans une phrase ou un morceau.

A ce degré l'analyse pourra devenir complexe. Si on le veut, au lieu des compléments d'un seul ordre, ceux de deux, trois, quatre ordres différents pourront entrer en jeu. Tout à la fin, peut-être pourrait-on arriver à faire observer tous les compléments. Mais, vraiment, sera-t-il utile alors d'interroger en même temps sur le reste de la phrase? A quoi bon faire passer en revue les autres éléments qu'elle contient? N'est-ce pas le moyen d'embrouiller ce qu'on prétend démêler? Qu'un élève, arrivé déjà à un complet développement, s'y retrouve, cela est sûr, mais on le voit à bien d'autres signes, et est-il intéressant de lui demander de le prouver chaque jour par un exercice interminable et fastidieux?

En tout cas, que l'analyse respecte un peu la synthèse naturelle : elle est à la réalité ce qu'est la syllabation dans une méthode de lecture. Là on sépare, mais pour se hâter de réunir. De même ici. Que *les*, dans *les blés*, soit le moins possible séparé de son substantif, jamais, s'il se peut. Qu'on examine les mots par groupe. Dans : *les blés sont levés*, il est presque aussi barbare de défaire le premier groupe que le second.

De toute façon, nous voilà loin des procédés d'aujourd'hui, de ces classifications prétentieuses et ridicules, qu'on se propose encore trop souvent comme le but suprême de l'enseignement grammatical. Elles doivent disparaître absolument.

Que ceux qui seraient tentés de les respecter se demandent ce qu'a perdu la logique, quand on a cessé d'apprendre dans les écoles qu'un syllogisme était en *barbara* ou en *celarent*. La scolastique, traquée partout, n'a plus que deux refuges, la grammaire et la théologie. Chassons-la de chez nous.

CHAPITRE XV

Nécessité d'un ordre nouveau. Les parties du discours. Nos adieux à Priscien.

Nous ne sommes pas au bout de notre tâche. L'ordre dans lequel il faut enseigner la grammaire est aussi important que le choix des matières, et c'est une bonne partie de la méthode.

On sait quel est actuellement cet ordre, que quelques-uns considèrent comme inviolable, et qui n'est que traditionnel. Les dix « *parties du discours* » sont étudiées tour à tour, et, généralement, on donne d'abord dans chacune les diverses formes, sans y joindre un mot de syntaxe. On oblige l'enfant à posséder un matériel encombrant, sans lui apprendre à s'en servir.

Mais, pour traditionnel qu'il soit, cet ordre n'en est pas moins défectueux, et l'on doit se demander s'il est compatible avec l'enseignement rationnel et méthodique que nous cherchons. D'abord, il oblige à de constantes anticipations. Ainsi, l'enfant étudie l'article. S'il doit voir toutes les formes de l'article, le voici appelé, dès le début, à faire connaissance avec *du* et *des*. Or, ce sont là des formes contractées, où entre la préposition *de*. Qu'est-ce que la préposition *de?* L'enfant n'en sait rien, et il ne le saura que bien plus tard. Il serait facile de multiplier les exemples analogues. C'est un premier défaut à éviter.

Une méthode destinée aux tout jeunes enfants doit, en outre, se résigner à élaguer résolument dans la matière énorme qu'on croit ordinairement devoir entasser. On ne peut songer à faire entrer dans un premier livre les formes, même courantes, de certains verbes usuels : *faire*, *dire*, *écrire*, *lire*, en raison des difficultés de leurs conjugaisons. Des verbes qu'on garde, on ne saurait non plus passer en revue tous les temps et tous les modes. Trois temps suffisent : *un passé*, *un présent*, *un futur*. Sans doute il y a là quelque chose de conventionnel : l'élève rencontre des *imparfaits* avant de les étudier. Ils ne gênent pas, à condition qu'on n'en mette point dans les textes qu'on lui donne à observer. Et si l'on sait ordonner les modestes notions que l'on retient d'après un plan sensé, on n'en fera pas moins un enseignement fructueux et suggestif.

Je me permettrai d'expliquer ici l'ordre adopté

dans le *Premier Livre de Langue française* Brunot et Bony. Si je l'expose, c'est pour donner, par un exemple, l'idée du choix qu'on peut faire, nullement pour imposer le nôtre.

L'ouvrage débute par l'étude sommaire des éléments du langage. Il montre ce que c'est que la parole et ce que c'est que l'écriture. Il donne ainsi à l'enfant la notion de la phrase *parlée* et de la phrase *écrite*, il lui fait constater ensuite que certains mots varient, tandis que d'autres sont invariables. Le premier des mots variables auquel on s'arrête est, naturellement, le *nom*. On demande à l'enfant comment il s'appelle, de ce nom on passe à d'autres noms, qui lui sont appliqués en même temps qu'à ses camarades, et ainsi se dégagent les deux notions du *nom propre* et du *nom commun*. Ce dernier nécessite l'emploi de l'*article*, qui accompagne le nom, et contribue à marquer le *genre* et le *nombre*.

Un objet se présente avec différentes manières d'être, on étudie le mot qui exprime ces manières d'être : l'*adjectif qualificatif*, et on montre comment le rapport de l'adjectif avec le nom s'exprime par l'*accord*, comment aussi un mot exprès les joint l'un à l'autre : c'est le *verbe être*. Nous voici en possession de la première notion du verbe : des actions, exécutées par les enfants, fournissent d'*autres verbes*, on en cherche le *sujet*, c'est-à-dire l'auteur de l'action.

Puisque ce sujet s'exprime aussi souvent par un *pronom* que par un nom, on fait intervenir ce nouveau mot, et on donne la notion des *pronoms sujets*. Dès lors nous nous trouvons en présence d'une idée nouvelle, qui n'est plus celle du *nombre*, déjà connu, mais celle de la *personne*, il convient de l'étudier, non seulement dans le pronom et dans le verbe, mais aussi dans l'*adjectif possessif*, où elle apparaît également. On verra donc dans le pronom, le verbe, l'adjectif, les trois personnes successivement.

Mais le verbe présente une particularité à lui : il varie non seulement en *nombre*, comme le nom, en *personne*, comme le pronom, mais encore en *temps* et en *mode*. Les trois temps essentiels viennent donner l'idée du passé, du présent et du futur; deux modes : *indicatif* et *impératif*, celle du mode.

L'*interrogation* et la *négation* font un effet analogue à celui des modes, on les aborde immédiatement.

Beaucoup de verbes ont besoin d'un *complément d'objet*, indiquant sur quoi ou sur qui porte l'action : on le fait connaître, et le complément d'objet amène tout naturellement à l'*infinitif*, si souvent complément d'objet. Les *formes* des pronoms compléments d'objet direct viennent, à ce moment, s'ajouter aux formes déjà vues des pronoms sujets. Du *complément d'objet direct* on passe au *complément d'objet indirect*, et, celui-ci renfermant une *préposition*, rien de plus facile que de détacher cet élément par la suite. On voit alors la préposition se combiner avec l'article dans les articles *contractés*, qui ne s'expliquent que lorsque l'on connaît les deux espèces de mots qui servent à les former.

Arrive enfin le complément *circonstanciel*. Un exemple fait voir que très souvent il peut se remplacer par un *adverbe*. Désormais, pour terminer, il n'y a plus qu'à joindre deux termes sujets ou compléments, et à faire intervenir la *conjonction*, qui se présente pour les unir.

De la sorte, en appuyant toujours une leçon sur la précédente, en menant pas à pas l'enfant d'une connaissance à une autre, on lui a donné un aperçu sommaire, mais juste du langage. Il sait quelles sont les catégories essentielles de mots, leurs changements, leurs usages. C'est peu, sans doute, mais cela suffira pour l'orienter quand il aura à entrer dans le détail.

La méthode qui vient d'être exposée avec quelques développements en ce qui concerne la grammaire, s'applique aussi aux notions de vocabulaire, de rédaction française, qu'on a jugé possible de présenter à un premier cours. Là aussi on part des idées les plus voisines de l'enfant, de celles qui lui sont le plus familières, pour s'élever, par une lente progression, vers un résultat en apparence très modeste.

Beaucoup de méthodes portent l'étiquette : *Méthode graduée*, bien peu la méritent. Et cependant il est nécessaire de débuter par un enseignement très simple et très sobre, de choisir ce qui peut donner au commençant l'idée générale de la langue et de ses éléments essentiels. Au cours suivant, on se contentera encore de leçons très émondées, et ne portant que sur les faits les plus généraux ; c'est au cours supérieur seulement qu'on a le devoir de donner un enseignement grammatical assez complet et assez approfondi [1].

Il est facile d'apercevoir que, si l'on se donne pour programme de respecter l'ordre traditionnel des « parties du discours », il sera impossible

1. Si la fréquentation des écoles primaires était conforme au vœu de la Loi sur l'obligation de l'instruction, s'il n'y avait pas d'enfants qui ne viennent qu'irrégulièrement à l'école, et qui oublient tout, au cours de leurs longues absences, on pourrait soutenir que les choses enseignées dans un premier livre n'ont pas besoin d'être reprises intégralement dans les livres suivants. Mais, avec cette médiocre fréquentation, il n'en va pas ainsi ; force est bien de préparer des cours qui se superposent un peu, qui, sans être « concentriques », répètent dans la classe supérieure ce qui a déjà été vu précédemment.

d'obtenir cette coordination des faits si précieuse pour les faire comprendre, surtout à mesure qu'on s'élève. On sera fatalement amené à séparer des tours qui sont identiques par leur rôle, quoique les éléments qui y entrent soient différents. Supposons, en effet, qu'on étudie les divers pronoms, comme on le fait habituellement : on parlera assurément de la *personne* à propos des pronoms personnels, et sans doute aussi à propos des pronoms possessifs. Mais en examinant les pronoms démonstratifs, indéfinis, il n'en sera plus question ; on devra y revenir à propos du verbe, de sorte que ce phénomène, au fond unique, de la personne, sera morcelé, que *je*, qui sert en réalité à marquer la 1re personne du verbe, sera éloigné de la *terminaison* qui partage ce rôle avec lui.

Au reste, au moment où l'on abordera ce pronom personnel *je*, comment donner une idée juste de ce qu'il est, si l'on ne fait intervenir en même temps le verbe dont il est inséparable? Or, en le faisant, on anticipe encore une fois sur un chapitre que l'on veut nettement séparer des précédents, le chapitre du verbe. Pour rester fidèle au système, on se bornera donc à une sèche nomenclature des formes : *je*, *me*, *moi*. Nous voilà retombés dans l'enseignement purement machinal [1].

1. C'est là encore un héritage. Comme, en latin, un verbe, pour

Quelques professeurs pensent qu'on remédierait à l'inconvénient grave d'étudier en plusieurs fois des choses qui se ressemblent, en renvoyant à d'autres chapitres où il est traité de formes équivalentes. Après avoir étudié le lieu, par exemple, au chapitre de la préposition, en signalant les compléments précédés de *dans*, de *sur* : *dans un coin*, *sur un mur*, on rappellerait cette leçon, lorsqu'on arriverait aux propositions circonstancielles marquant le lieu : *où il était, sur lequel il passait.* Ce serait assurément un progrès sur l'ordre dispersé actuel, mais on ne peut pas se répéter constamment, et un simple renvoi est comme une note, pire qu'une note, personne n'y va voir[1].

Ne vaut-il donc pas mieux étudier tout de suite d'ensemble les choses qui s'appellent les unes les autres? N'est-ce pas d'ailleurs ce qui se pratique dans les autres sciences? Lorsqu'on examine, par exemple, en chimie, la décomposition de l'eau, on passe en revue dans la même leçon tous les procédés qui servent à opérer cette décomposition. On montre le but à atteindre, puis les moyens.

se conjuguer, n'avait nullement besoin de pronom personnel, on pouvait traiter du pronom dans un chapitre exprès; l'inconvénient était beaucoup moindre.

1. Je ne puis pas me priver ici du plaisir de signaler les excellents petits livres où M. Lafargue, professeur au lycée Condorcet, a fait tant de rapprochements utiles entre les équivalents. Voir en particulier : *La proposition*. Paris, F. Juven, 1 vol. in-12.

De même, dans l'étude que nous faisons, et qui est, ne l'oublions pas, l'étude du matériel linguistique qui sert à exprimer la pensée, n'y a-t-il pas le même avantage qu'ailleurs à apprendre par quels moyens divers on peut rendre une même idée? Veut-on marquer une circonstance de lieu? Que l'on passe en revue les adverbes, les compléments, précédés ou non de prépositions, les propositions qui servent à traduire cette notion de lieu. On aura ainsi rapporté la doctrine à la pratique.

Quel désordre aujourd'hui, en pareil cas! Voici comment s'étudie la notion du temps. Soit l'idée : *j'irai*, à laquelle on doit ajouter un complément précisant le moment où se fera l'action. La forme du verbe est d'abord étudiée dans la conjugaison. L'emploi du futur est renvoyé à la syntaxe. Doit-on ajouter « *bientôt* », ce mot sera catalogué vingt pages plus loin, au milieu d'adverbes de toutes sortes. Au lieu de « *bientôt* », mettra-t-on : « *dans quelques jours* », complément rattaché par une préposition? Cette préposition « *dans* » se trouvera encore dans une autre leçon, et probablement pas avec ce sens; quant au *complément de temps* ainsi formé, il ne sera, lui, catalogué nulle part. Dirai-je : « *j'irai en même temps que vous* »? Ce nouveau complément ne sera étudié en aucun endroit, je trouverai seulement le mot *même* dans les adjectifs indéfinis (!?). Et où verra-t-on le complément de : « j'irai *aussi rapidement que je pourrai* »? Peut-être dans les propositions comparatives. Quel est l'enfant qui est capable de grouper lui-même ce qu'on a ainsi à plaisir dérobé à son observation?

Avant de quitter ce sujet, regardons encore comment se trouvent dispersés les divers moyens d'exprimer la *cause*. Dans cette phrase : « *Ainsi mourut la fille d'Hamilcar pour avoir touché le manteau de Tanit* » : la cause est exprimée par un infinitif précédé de *pour*, préposition qui sera, peut-être, signalée avec ce rapport à la leçon sur la préposition, encore n'est-ce pas bien sûr.

Dans : « *Comme il était alcoolique, sa plaie n'a pas guéri* », c'est une *subordonnée* cette fois qui renferme l'idée causale! Nouveau chapitre à feuilleter!

Dans : « *Il était alcoolique, il est mort d'une dégénérescence du foie* », la cause est marquée par une proposition qui ouvre la phrase, nous ne la trouverons pas aux causales, parce qu'elle a la forme d'une *principale*.

Cet éparpillement, ces lacunes, ne montrent-elles pas que, pour un enseignement rationnel, qui doit donner des résultats pratiques, il faut changer l'ordre traditionnel?

Nous avons présenté au public, dans la Méthode

Brunot-Bony, un spécimen de ce que pourrait être un ordre nouveau, en particulier dans le chapitre du IIIe livre intitulé : *Usage des compléments (mots et propositions)*. Les faits y sont classés d'après *les idées à rendre*, non d'après la *nature grammaticale des moyens d'expression*. Et les idées sont rangées en catégories, de façon à former des groupes naturels.

Tout d'abord on examine les cas où l'idée est indéfinie, en considérant tout aussi bien des verbes sans objet précis : « *je chasse* », que des noms, pronoms, ou adjectifs, généralement seuls appelés *indéfinis*. Viennent ensuite les objets, les actes, indéterminés en quantité, et alors commence la détermination, par la quantité, naturellement. A « *quelques* » qui est *vague*, succèdent les adjectifs et noms de nombre, qui sont *précis : cinq*, *mille*, ou *aucun*, lequel n'est que l'adjectif numéral de zéro. On compare alors les quantités entre elles ; on voit comment se traduisent dans le langage les opérations arithmétiques : addition, soustraction, division, ce que veulent dire *outre que*, et *excepté que*. Ainsi se termine une première section : *la quantité*.

Je ne puis exposer ici avec ce détail la suite du plan, qui fait étudier et connaître d'abord à l'enfant ces deux chapitres essentiels : *détermination*, *qualification*. Je ne voudrais donner qu'une idée très générale de l'ensemble. Immédiatement à la suite de la qualification, vient l'étude *de la manière d'être, des caractères de l'action*, si intimement liés *aux caractères de l'être*. Puis on passe aux circonstances de cette même action, aux *circonstances de lieu, de temps, de moyen;* on examine les tenants et les aboutissants de l'action, les origines, *la cause*, puis les suites, c'est-à-dire *le but, les conséquences*. Enfin, les actions peuvent être *conditionnées* par d'autres, elles ont un rapport avec nous-mêmes, elles créent en nous des états de conscience, des volontés; elles nous apportent tantôt *la certitude*, tantôt *le doute;* elles provoquent ou nos *désirs*, ou nos *regrets*. Tout cela a ses formes dans le langage : nous avons réuni et exposé systématiquement les principales d'entre elles.

Mais, présenté ainsi, dira-t-on, un livre de grammaire aura un faux air de psychologie ! Pour celui qui en voit l'enchaînement, peut-être. Et, après tout, où serait le mal, si l'exposé des faits n'est gêné ni obscurci par aucune spéculation déplacée, si les exemples sont pris à la vie quotidienne? On peut évidemment s'occuper de la cause à propos des origines du monde, mais on le peut aussi à propos d'une machine à coudre qui ne marche plus. On peut rechercher les conséquences de l'hypothèse atomique dans les diverses sciences, on peut aussi songer aux conséquences pratiques et terre à terre de l'acte d'un enfant qui lance une pierre étourdiment.

Et sur ces choses familières, l'enfant se forme à comprendre et à raisonner. S'il développe son esprit, en apprenant à employer les *modes*, veut-on l'en empêcher?

On trouvera sans doute, et nul ne le souhaite plus que moi, dix autres moyens rationnels de conduire un cours de langue française, en abandonnant l'ordre ancien. Je n'ai cité celui-ci que pour encourager à les chercher hors des abstractions scolastiques ordinaires.

CHAPITRE XVI

Ordre combiné. Coordination nécessaire des divers enseignements : grammaire, vocabulaire, lecture, rédaction.

Il est temps de nous souvenir que nous voulons faire un cours de langue française, dont la lecture et la rédaction occuperont le sommet, que nous avons donc encore un ordre général à découvrir : celui qui coordonnera les divers enseignements, en respectant la méthode de chacun, naturellement. Ce problème est le plus difficile de tous à résoudre.

Je ne reviendrai pas sur ce que j'ai dit de l'ordre à suivre dans l'étude du vocabulaire et de la grammaire. La *composition française* demande tout autant de méthode. La « crise du français » dont a parlé mon excellent collègue et ami M. Lanson, tient, en partie, à ce que cet exercice est au début trop souvent négligé ou mal conduit. On ne choisit pas, ou on choisit mal les sujets de rédaction : on abuse de l'imagination, à la suite de laquelle l'enfant erre à sa guise. Il est temps que le sens pratique vienne corriger ces abus. Ce que l'enfant de l'école primaire doit apprendre à rédiger, ce sont des lettres, des pétitions, des rapports, tels qu'il en aura à faire dans la vie. Ce par quoi il faut qu'il commence, c'est par ses propres idées, non par celles qu'on croit lui imposer : et ainsi il s'exercera peu à peu à s'exprimer. Il ne faut pas s'imaginer qu'on va réussir en allant au hasard et sans un plan préconçu.

Je ne veux pas entrer dans le détail, il y a des méthodes sérieuses de rédaction, on pourra s'y reporter. Je rappelle seulement que, là aussi, il faut se fonder avant tout sur l'esprit d'observation, que l'on ne cultivera jamais assez. La plupart du temps l'enfant prononce mal, parce que son oreille entend mal, il écrit mal ou parle mal, parce qu'il ne sait pas observer. Habituer l'enfant à se servir méthodiquement de ses sens pour étudier les objets inanimés, d'abord très simples, puis plus compliqués, ensuite des êtres vivants et les manifestations de la vie chez ces êtres, voilà la méthode qui suffira pendant longtemps. Puis l'élève suivra la même marche pour découvrir sur une image, de plus en plus complexe, ce qu'on y a représenté. Il apprendra à utiliser les données de sa mémoire, et, en dernier lieu, celles de son imagination. Ce sont là les grandes étapes, et les premiers cours ne devront guère aller plus loin. Il leur convient de rester dans le concret.

A un degré plus avancé, l'enfant s'interrogera lui-même, dira ce qu'il pense au sujet des choses et des êtres observés, puis, les sentiments qui s'éveillent en lui, les résolutions qu'il prend, c'est-à-dire qu'il parviendra peu à peu à lire dans sa conscience, et à la traduire sincèrement au dehors. S'il y met de l'art, tant mieux, mais ce n'est point là ce qu'il faut chercher. Écrire juste, c'est déjà un très beau résultat, si l'on entend par là dire avec les mots justes les choses qui sont vraies, et qu'il fallait dire : ne pas mettre dans un rapport à une compagnie d'assurances les sentiments qui conviennent à une lettre familière sur l'incendie qui a eu lieu ; savoir exposer à son notaire une difficulté, ou la soumettre à des membres de sa famille en gardant chaque fois le ton nécessaire. Tout cela est chose si difficile qu'il faudra se tenir pour satisfait si la génération future a appris à l'école assez pour y réussir. Défions-nous donc de l'inspiration : quand on la sollicite, elle ne vient pas. Mieux vaut une sage méthode, un peu terne.

Ceci dit en passant, revenons à notre point. Chaque enseignement devant garder son plan particulier, est-il possible d'ordonner les enseignements différents de telle sorte qu'ils se prêtent un mutuel appui? Quelques exemples prouveront que oui.

1° On peut d'abord, sans grande recherche, rapprocher la lecture de la grammaire — à moins qu'on ne veuille tirer de la lecture un autre enseignement — cela est même facile : il suffit de prendre un texte qui présente d'une façon frappante l'application de ce qu'on étudie en grammaire. La leçon porte, par exemple, sur les pronoms de la première et de la deuxième personne. Qu'on mette, en regard, la dispute entre Mercure et Sosie, tirée d'*Amphitryon*, de Molière, un passage très court renferme jusqu'à vingt-six pronoms des deux premières personnes.

2° Il n'est pas plus difficile de mettre la composition française en rapport avec la lecture, celle-ci pouvant très souvent servir de modèle à celle-là. Voici, comme texte à lire, la lettre du jeune duc du Maine, rapportée par Mme de Maintenon : c'est le moment d'enseigner comment se fait une lettre toute simple, qui n'est qu'une conversation écrite.

On veut exercer l'enfant à observer et à noter les divers bruits qui composent un ensemble, nous l'y préparerons en lui fournissant comme modèle de lecture un passage dans le genre du chapitre de *Notre-Dame de Paris*, où V. Hugo exprime les bruits des cloches de la ville au moyen âge.

Faut-il montrer comment s'expriment des idées gaies? Un morceau de la scène du *Médecin malgré lui*, où Sganarelle explique à Géronte pourquoi sa fille est muette, nous a servi de modèle dans la méthode Brunot-Bony. Cent autres fragments comiques pouvaient être choisis dans le théâtre français.

Est-ce au contraire la tristesse qu'il faut rendre? Un morceau d'un auteur tragique nous montrera comment les grands maîtres ont fait frissonner les foules de terreur et de pitié.

3° Il peut sembler plus difficile de mettre le vocabulaire en concordance avec la grammaire; on y arrive cependant, et bien simplement.

Au moment où l'on montre la formation du féminin des adjectifs terminés par *f*, l'idée d'étudier la dérivation des adjectifs, où entre le suffixe *if*, ne se présente-t-elle pas tout naturellement, et ainsi de suite pour les autres adjectifs?

Ou bien il s'agit en grammaire du participe passé. Comment ne penserait-on pas à expliquer la formation des noms, masculins ou féminins, qui dérivent de participes passés : *allié*, *reçu*, *permis*, *allée*, *sortie*?

Un autre jour, la leçon porte sur la forme passive : c'est une voix du verbe, sans doute, mais l'idée passive se trouve aussi dans certains mots, par exemple dans des adjectifs en *able* et en *ible* (*mobilisable* = qui peut être mobilisé, *exigible* = qui peut être exigé). Ces adjectifs viennent tout naturellement composer la leçon de vocabulaire.

Ou bien la grammaire s'occupe du verbe réciproque. Le vocabulaire traitera des préfixes *entre*, *contre*, *re*, qui marquent une idée de réciprocité dans les mots où ils entrent.

En grammaire nous en sommes à la quantité relative : au vocabulaire nous enseignerons comment les suffixes diminutifs *eau*, *et*, etc., expriment une chose plus petite qu'une autre, à laquelle elle est implicitement comparée.

4° Il devra y avoir également rapprochement entre la composition française et la grammaire. A un certain moment de l'étude des propositions, on appelle l'attention des élèves sur la proposition elliptique : c'est la partie grammaticale. Une application immédiate de cette notion s'impose : enseigner, en composition française, à rédiger des dépêches télégraphiques, où le sens doit être condensé en peu de mots, enseigner aussi à les interpréter. On a ainsi un résultat, très modeste évidemment, mais immédiatement utilisable et vraiment primaire.

Plus loin, l'ordre de la grammaire appelle la formule impersonnelle *c'est*. Rien de plus naturel que d'exercer l'enfant à faire un emploi judicieux de cette formule, si utile pour mettre en relief une idée importante et rendre à la phrase une souplesse que l'ordre rigide des mots lui a fait perdre.

A propos des propositions, on enseigne en grammaire que tantôt elles se suivent en se coordonnant, que tantôt elles se subordonnent les unes aux autres. Ce sont là les éléments constitutifs de deux styles : le *style coupé*, le *style périodique*. N'est-il pas intéressant de montrer ces deux formes chez des écrivains différents, ou chez le même auteur, suivant le caractère des idées qu'il exprime? N'est-il pas utile d'exercer les élèves à mettre en phrases plus courtes ce qui est écrit en périodes, ne serait-ce que pour s'assurer qu'ils comprennent une grande phrase?

Parfois la correspondance est plus difficile à apercevoir, j'en conviens; elle n'en existe pas moins. L'élève apprend à se reconnaître dans les divers temps du passé : c'est donc, en somme, la manière de noter l'ordre de succession des faits qu'il étudie. L'application de cette leçon se devine. Il y a des raisonnements qui reposent sur l'ordre *chronologique*, une *conséquence* ne pouvant venir avant l'action qui doit la faire naître. Il est donc opportun d'enseigner à mettre des faits du passé dans leur ordre véritable, à faire une *chronologie*.

5° De cette façon, on réussit peu à peu, avec quelque ingéniosité (et les maîtres feront en ce genre des trouvailles sans nombre), à établir la corrélation entre deux enseignements.

Il est un peu plus difficile de faire marcher parallèlement tous les enseignements, on y parvient cependant.

Ainsi la leçon de grammaire porte sur la négation. L'élève y voit ce qu'est une proposition négative, et quels sont les termes qui lui donnent ce caractère. Or il y a des préfixes négatifs : *non*, *in*, *a* (*non-valeur*, *intenable*, *anormal*), c'est leur place. Mais il y a plus. Le tour négatif a souvent servi aux écrivains à mettre en relief l'idée positive par des contrastes. Rien de plus facile que de trouver une lecture où cet emploi de la description négative soit frappant, et d'exercer ensuite l'élève à appliquer le procédé à une chose qu'il connaît bien, comme la cour de son école, ou le jardin de l'instituteur[1].

Donnons un second exemple. L'étude de l'impératif a muni l'écolier des formes par lesquelles s'exprime ce mode, il a appris à quoi servent ces formes. En regard de ces leçons de grammaire, il trouvera des textes de lecture ou de récitation, où sont exprimés le commandement, le conseil, l'invi-

1. Voir la Méthode Brunot-Bony, III, 60-61.

tation, la prière. Il aura lui-même à rédiger un ordre, puis une demande, à user de l'impératif avec ses nuances si variées[1].

On peut donc réaliser cette union des différents enseignements; il suffit de se demander ce qu'il y a sous les mots qu'on enseigne, en se préoccupant du *sens* et de la *forme* à la fois. La seule condition essentielle, c'est de dominer sa matière.

1. Voir la Méthode Brunot-Bony, II, 112-113, et III, 186-187.

CHAPITRE XVII

Application de la méthode. Un chapitre de grammaire nouvelle : Apprendre à qualifier.

Pour donner une idée plus précise encore de la méthode que je viens de faire connaître, essayons d'embrasser d'un coup d'œil ce que sera, aux divers degrés de l'enseignement primaire, un de ces chapitres fondamentaux dont doit se composer un cours rationnel de langue française : l'étude de la *qualification*, par exemple.

Au cours inférieur, je me bornerai, naturellement, aux notions les plus simples. En faisant rapprocher un crayon *long* et un crayon *court*, un linge *blanc* et un linge *noir*, je donnerai l'idée des différences que l'on constate entre des choses ayant le même nom, et je ferai remarquer que ce sont les mots : *long*, *court*, *blanc*, *noir*, qui servent à dire comment sont ces choses. A ce premier degré, en essayant de montrer les manières d'être que peut revêtir une même chose, je n'emploierai même pas tout de suite le mot *qualité*, qui est équivoque pour le jeune enfant.

De nombreux exemples permettront d'apercevoir le rapport étroit qui existe entre le qualificatif et le nom qualifié, et prépareront à comprendre l'accord du premier avec le second. J'ai montré plus haut comment on faisait naître cette idée essentielle que l'adjectif varie en genre et en nombre, ici je me bornerai bien entendu, aux règles générales. Le vocabulaire me fournira des adjectifs exprimant des manières d'être très sensibles pour l'enfant : la couleur, la forme, la mesure, etc. En composition française, mes exercices, très modestes, consisteront à reconnaître dans une série d'adjectifs donnés celui qui convient pour achever une proposition, à dire celui qui s'applique à la porte, au mur de la classe, etc... Je ne demanderai peut-être même pas tout de suite de les fournir.

Les textes de lecture et de récitation destinés au même âge, seront riches en adjectifs, de façon qu'ils achèvent de familiariser l'enfant avec la notion de qualification. Et j'en resterai là. L'enfant en gardera, si je ne me trompe, cette idée en gros : Pour dire comment est quelque chose, on se sert d'un mot qui s'appelle « *adjectif* », et qui se met tantôt au féminin, tantôt au masculin, suivant le genre du nom de la chose.

A un deuxième degré, je reprendrai la notion de l'adjectif qualificatif, et je pousserai plus loin l'étude des formes qu'il prend, en variant en genre et en nombre. Chemin faisant, j'apprendrai, en vocabulaire, comment certains adjectifs usuels se forment au moyen de suffixes : natur*el*, pierr*eux*. Je ferai constater à l'élève les deux emplois de l'adjectif, tantôt attribut, tantôt épithète. En composition française, je lui enseignerai à choisir un attribut, une épithète, à éviter les épithètes superflues, et, si j'ordonne mon cours de telle sorte que l'on s'occupe alors de la description, j'aurai quelques chances de voir appliquer à peu près ces données à des exercices de rédaction.

Dans un cours plus élevé, il sera peut-être inutile de revenir sur l'étude des formes et sur les règles générales de l'accord, sauf pour les rappeler, l'adjectif étant maintenant suffisamment connu dans sa nature et dans ses rapports avec le nom. Mais il reste à montrer que certains adjectifs ont besoin d'être *complétés* pour avoir un sens, ainsi : *enclin au mal*, et surtout qu'on qualifie par beaucoup de mots autres que l'adjectif qualificatif.

D'abord, le choix seul de certains *noms* suffit à qualifier la chose nommée : ce tableau est un *chef-d'œuvre*, il monte *une rosse*, il habite *un palais*. Le vocabulaire fait voir que certains de ces noms sont formés par des suffixes péjoratifs ; paper*asse*, écriv*ailleur*, mar*âtre*.

Parmi les expressions qui peuvent qualifier le nom, il faut mettre au premier rang le participe présent et le participe passé, si voisins d'ailleurs de l'adjectif qualificatif qu'on a appelé l'un d'eux adjectif verbal : *une toilette charmante, une robe foncée*. A ce propos, on étudiera en vocabulaire la formation des adjectifs en *é, u* : boss*u*, marbr*é*, qui ont l'apparence de participes passés.

On qualifie aussi avec des adverbes : donner la note *bien*; cela est *mal*, — avec des compléments de construction directe : une robe *princesse*, le style *Louis XV*, cet enfant, *les yeux hagards*, — ou indirecte : une montre *d'or*, de la soie *de Lyon*, une boutique *à treize sous*. En vocabulaire, il sera utile à ce moment de noter les différences de sens qui peuvent exister entre ce complément, et l'adjectif ou le participe correspondant : une montre *en or*, et une montre *dorée*.

La qualification se fait encore par des exclamations : une dentelle *d'une finesse!* — par des propositions : un voyage *où l'on se fatigue*, une chose *qui plaît*.

Le travail, en composition française, consistera à employer intelligemment ces divers moyens de qualification, à remplacer parfois un qualificatif par un autre, et aussi à s'abstenir d'employer les qualificatifs à tort et à travers : « Amas d'épithètes, mauvaise louange », a dit La Bruyère.

Si les élèves sont assez avancés, j'étudierai avec eux comment la qualité se trouve liée à un objet autrement que par un rapport simple, marqué par le verbe *être*. Je la montrerai liée à ce sujet par des verbes marquant *apparence : paraître*, *ressembler*, *avoir l'air;* ou *durée*, *progrès*, *évolution : rester*, *demeurer*, *devenir*. Je ferai remarquer que souvent elle n'appartient pas, en fait, au sujet, qu'il s'agit parfois seulement d'une qualité qui pourrait lui appartenir : une chambre qui *serait exposée au midi*, ou bien d'une qualité qu'on désirerait lui voir : je veux une chambre *qui soit claire*. J'expliquerai qu'ailleurs l'attribution de la qualité au complément d'objet du verbe est une conséquence de l'action énoncée par le verbe : *on l'élut député*, *on le prit pour délégué*.

Le vocabulaire consistera à chercher les verbes qui peuvent marquer les rapports précédents, ou servir à rattacher un attribut à un complément d'objet. La composition française exercera à employer les modes convenables dans des propositions commençant par *qui* ou *que*.

Il faudra marquer ensuite les *degrés* que comporte la qualification : de l'eau *chaude*, *assez chaude*, *très chaude*. Ce sera l'occasion d'étudier les préfixes *sur*, *super*, *extra*, si employés dans la réclame moderne : chocolat *surfin*, *superfin*, *extrafin*. En composition française, j'enseignerai à l'enfant à s'exprimer avec mesure, à fuir les exagérations, à user pour les superlatifs d'adverbes divers, car chacun de nous a une tendance à en adopter un seul, ce qui tourne vite à la manie, au tic de langage.

Ce n'est pas tout. Le plus souvent on qualifie par *comparaison*. Il faut donc voir les formes qui servent à traduire l'égalité, l'infériorité, la supériorité. En composition, j'exercerai les élèves à choisir leurs comparaisons ailleurs que dans les expressions triviales : *bête comme tout*, *poli comme une porte de prison*, à faire des parallèles, etc.

L'enseignement devra s'élever encore, et traiter de la qualification exprimée par une *image* :

> *Sa gerbe* n'était point *avare* ni *haineuse*.
>
> (V. H.)

> Un *sévère sapin*, vieilli dans l'Appenzell.
>
> (*Id.*)

Souvent aussi l'épithète n'*exprime* plus, même par image, mais elle est chargée purement *d'évoquer* :

> La grande forêt brune
> Qu'emplit la *rêverie immense* de la lune.
>
> (*Id.*)

Cet art d'éveiller des idées ou des sensations poétiques au moyen de termes imprécis, est devenu si habituel à certains écrivains contemporains, qu'il fait aujourd'hui partie de la langue. Je l'expliquerai.

Vous voyez que notre analyse s'élève peu à peu. Voulez-vous monter plus haut encore? La qualification peut devenir l'essentiel de la pensée; en voici des exemples tout simples : *ce diable d'homme*, *mon imbécile de voisin*. Les mots *diable*, *imbécile*, au lieu d'être des compléments, sont les mots importants; la pensée s'est retournée. Divers écrivains ont ainsi fait de la qualification le principal de l'expression, en transportant dans un substantif abstrait l'idée contenue dans l'adjectif : les Goncourt, Alph. Daudet particulièrement. Avant eux, Hugo disait déjà : « Une *prodigalité de lumière* se versa du haut du ciel; la vaste réverbération de la mer sereine s'y joignit » (*Les Travailleurs de la Mer*).

A cette notion se rapporterait, en vocabulaire, l'étude de la formation de noms au moyen d'adjectifs : *le nu*, *le vrai*, *le vide*, *un rond*, *un journal*.

Arrivés à ce point très élevé, d'où nous dominons la notion de qualification, il ne nous faudrait plus qu'un effort pour tendre la main à la philosophie, car la raison primordiale qui fait que la qualification est une des fonctions essentielles du langage, c'est que nous ne connaissons le monde que par ses aspects, que par les impressions que font sur nous ses manières d'être : nous n'en avons point de perception directe, la substance n'est qu'une création, fausse du reste, de notre esprit.

On le voit, les divers enseignements qui constituent l'étude du français peuvent être coordonnés, se compléter et se fortifier tous les jours l'un par l'autre. Des textes de grands écrivains sont éclaircis par d'humbles enseignements de formes ou de syntaxe, ces enseignements reçoivent des textes la lumière et la vie! La théorie, continuellement unie à la pratique, s'applique dans la rédaction; l'élève se meut, pour ainsi dire, au milieu des formes destinées à l'expression des idées sur lesquelles on appelle son attention. Ces formes le pénètrent de toutes parts, et il se les assimile.

Très modeste, si on le veut, la méthode peut aussi mener fort loin, je crois l'avoir montré tout à l'heure. Elle conduit jusqu'au point où la grammaire éclaire les procédés de style et fait connaître l'art d'écrire. De la sorte, elle ne se trouve plus séparée des études littéraires, qu'elle accompagne et soutient.

C'est qu'en effet, il n'y a qu'une étude de la langue : elle commence au moment où l'enfant apprend de sa mère à balbutier, elle ne finit que le jour où l'on cesse d'analyser les textes pour apprendre d'eux les formes infiniment variées dont l'art revêt la pensée humaine.

CHAPITRE XVIII

Portée éducative d'un enseignement de la langue ainsi compris.

On a déjà dû réfléchir qu'un cours de langue française, où on se refuse à séparer jamais les idées de la forme qui les exprime, donnera occasion aux maitres intelligents de greffer sur l'enseignement fondamental toutes sortes de réflexions, d'aperçus, de leçons même, qui auront une valeur éducative.

Le vocabulaire offre tant d'occasions favorables qu'il faut avec soin choisir les meilleures; il n'est que de prendre quelques pièces du vêtement de l'enfant pour y trouver des souvenirs historiques de toutes sortes. Le *gilet* qu'il porte tire son nom d'un personnage de comédie du XVIIIe siècle, qui avait une veste sans manches; son *pantalon*, d'un autre personnage, italien celui-là, dont la culotte était longue, et qui disait des « *pantalonnades* ». Sa *cravate*, c'est le résidu de l'ancienne écharpe du *Royal-Cravate* (ou Croate), un des régiments étrangers au service de la France. Ses souliers viennent de chez un *cordonnier*, anciennement *cordouannier*, un marchand de *cordouan* ou cuir de Cordoue.

Tout cela est extrêmement intéressant pour celui qui peut suivre la longue destinée des mots et retrouver dans les plus simples d'entre eux les souvenirs lointains des âges et des civilisations disparus. Et pourtant, sauf exceptionnellement, le maître ne doit point se laisser entraîner à ces hors-d'œuvre. Il est amusant de montrer dans une même famille, celle de *chapeau*, le simple devenu le nom de la coiffure usuelle, le dérivé *chapelet* passé au sens d'instrument sur lequel les catholiques disent une prière, et un autre dérivé, *chaperon*, donnant naissance au verbe *chaperonner*, qui ne paraît plus avoir rien de commun avec la famille. Mais j'ai averti combien la filiation des sens est chose délicate à suivre, et il ne peut être question à l'école primaire de s'arrêter à des curiosités.

Toutefois je ne dirai pas la même chose d'un mot comme « *redingote* ». Savoir et montrer qu'il est anglais, comme *steamer*, et aussi *foot-ball*, faire observer aux enfants que les noms des *sports* viennent, pour la plupart, d'Angleterre, quoique plusieurs ne soient que des mots français déformés, c'est à la fois une leçon de mots et une leçon de choses. Beaucoup de termes employés dans l'industrie des chemins de fer sont aussi anglais : *tender*, *tunnel*, *wagon*, c'est que les noms sont souvent importés avec les choses. Et à ce moment l'enseignement du vocabulaire rejoindra celui qu'on a pu donner en géographie économique, sur les relations qui unissent le monde moderne, et qui sont devenues de plus en plus fréquentes, au fur et à mesure que de nouveaux moyens de transport diminuaient les distances. Savoir cela est utile, directement utile à de futurs citoyens, qui discuteront le régime douanier.

Un autre jour, le vocabulaire me fournira une leçon précise d'histoire. Un mot de patois, lâché par l'élève, me permettra de lui rappeler le morcellement de l'ancienne France, qui a survécu dans les patois, et de lui faire comprendre ce qu'a été l'œuvre d'unification de la nation, qui l'a faite, où elle en est.

Le mot « *bourgeois* », tel qu'il s'emploie aujourd'hui, est caractéristique de l'état social actuel. Vu d'en bas, le *bourgeois* est celui qui est au sommet; vu d'en haut, c'est un inférieur, dont l'aristocrate peut envier et guetter la fortune, mais qu'il ne considère pas comme étant de sa classe. *Valet* a été remplacé par *domestique*, *domestique* est en passe de céder à *employé*. Ce changement révèle les idées d'égalité qui animent notre société présente.

Toutes les sortes de mouvements qui l'agitent se traduisent ainsi plus ou moins clairement dans la langue. Si, par exemple, les noms des professions intellectuelles sont en voie de chercher une *forme féminine*, que les noms des professions matérielles ont depuis longtemps, n'est-ce pas la preuve que peu à peu la vie de la femme s'élargit, s'élève, prend de nouveaux objets, que la femme du xxe siècle devient non plus seulement *boulangère* ou *mercière*, mais *avocate* ou *professeur-e?* L'instituteur a le devoir de laisser passer, avec précaution, dans l'enseignement, quelques-uns de ces rayons qui éclairent à la fois les mots et les choses.

La grammaire elle-même n'est point stérile en leçons de cette sorte. Après tout, la formation du féminin, dont je viens de parler, lui appartient déjà. Mais elle n'en est pas réduite à disputer au vocabulaire des considérations suggestives.

Étonnerai-je quelqu'un en disant qu'il y a, en grammaire, des formes de politesse, et, qu'en les réunissant, j'enseigne un peu plus que des formules? Apprendre à dire *vous* à quelqu'un, apprendre à faire précéder le nom d'un officier de terre du possessif *mon* : *mon colonel*, apprendre à user de certaines formules impératives : *veuillez*, *faites-moi le plaisir de*, apprendre à présenter une demande au conditionnel : *voudriez-vous* me passer du pain, apprendre à atténuer une affirmation peu flatteuse : *vous aurez mal* regardé, etc., n'est-ce pas apprendre à doser le respect et à garder les attitudes qui conviennent?

Mais, dira-t-on, cet exemple-là est trop à votre avantage, la politesse étant surtout faite de formes de langage. Soit! Prenons donc autre chose. Est-ce encore une question de forme extérieure que de savoir quand il faut *assurer*, et quand il faut dire *peut-être?* Et la sincérité du témoignage ne serait-elle pas grandement augmentée, si on ne confondait pas sans cesse les formules qui servent aux deux affirmations? Quoi de plus naturel, quand j'enseigne à exprimer le doute, que de rappeler à l'élève qu'il est obligé moralement de l'exprimer, s'il l'a réellement, que jamais il ne saurait trop distinguer une certitude d'une probabilité.

D'utiles leçons de morale peuvent être tirées même d'un caractère d'écriture. S'agit-il d'enseigner à l'enfant l'usage des *guillemets*, je lui expose à quoi sert ce signe, qui avertit qu'on rapporte des paroles textuelles. Il va de soi que je lui montrerai du même coup où l'abus commence, où il devient injuste et dangereux de présenter comme des paroles émanant d'autrui ce qui n'est qu'un à peu près. La leçon de sincérité est ici inséparable de l'autre, et elle est d'une importance capitale pour des enfants, qui sont si faciles à suggestionner, car rien n'a fait plus de tort à certaines enquêtes judiciaires que la croyance au proverbe : « La vérité sort de la bouche des enfants. »

Qu'est-ce que « chercher un sujet » ? N'est-ce pas chercher l'auteur d'une action ? Et s'il est important pour la grammaire de trouver le sujet, n'est-ce pas aussi très important en morale et en droit ? Il est des cas où les deux recherches n'en font qu'une.

Prenons un dernier exemple de syntaxe. Je compare les deux phrases suivantes : « Un gamin a tendu une ficelle en travers de la route du village de façon que les passants se *prissent* le pied et *tombassent.* »

« Un gamin a tendu une ficelle en travers de la route, de façon qu'un passant s'*est pris* le pied et *a fait* une chute. »

Dans la première phrase *prissent*, *tombassent*, sont au subjonctif, parce que la proposition marque l'intention, *le but* que se proposait le gamin.

Dans la seconde, les verbes s'*est pris*, *a fait* sont à l'indicatif, parce que la proposition, bien qu'introduite par la même conjonction, n'exprime plus *le but*, mais simplement *la conséquence*.

Il est clair qu'un cours de grammaire un peu approfondi va enseigner la raison pour laquelle le mode change. Mais pourquoi s'arrêterait-on là, et ne dirait-on pas à cette occasion ce qu'il y a d'autre à dire? Le gamin qui a agi intentionnellement a fait une faute morale grave. L'autre a agi par imprudence. J'en profite pour alléguer d'autres cas : Un automobiliste s'est amusé à traverser le village à une allure si folle, qu'il a tué un homme; un chasseur a tiré imprudemment dans une haie, si bien qu'il a blessé une femme. Ce sont là des *conséquences*, ce n'était pas là le *but* que se proposait le propriétaire de l'automobile ou le chasseur. La différence est très importante à marquer au point de vue moral. Mais les auteurs de ces actes en sont-ils moins coupables d'imprudence, et l'article 1382 du Code civil ne doit-il pas leur être appliqué? J'en prends occasion pour montrer à l'enfant que nos actes vont parfois atteindre des personnes que nous ne visons pas, et jusqu'à nos descendants mêmes. Séparer l'observation juridique, la distinction morale, et le mode de la phrase, à quoi bon, puisque tout cela est connexe et doit être appris un jour ou l'autre. Pourquoi faire trois morceaux d'une cerise? On dit que l'enseignement moral à l'école doit s'attacher à des faits, historiques ou autres; profitons des occasions que l'étude du langage nous offre, elle aussi.

Les rapports entre une *supposition réalisable* et un *espoir*, entre une supposition désormais *impos-*

sible à réaliser et le *regret*, sont si clairement marqués dans notre français! *Si je l'avais, ce gros lot au prochain tirage*, qui a un sens *futur*, est, par le temps, tellement loin de : *si je l'avais eu, ce gros lot*, qui a un sens *passé*, que la psychologie enfantine ne saurait trouver meilleure occasion de montrer qu'il n'y a vraiment pour nous d'irrémédiable que le présent ou le passé. Notre langue n'a pas d'*irréel* dans l'avenir; comme la race, elle espère toujours; comme elle, elle a tant changé!

Sans doute, il faut beaucoup de tact, et ces à-côtés ne doivent jamais détourner du but essentiel. Un instituteur qui, en leçon de choses, dirait tout ce qu'il y a à dire du *blé*, depuis la culture jusqu'aux spéculations auxquelles il donne lieu, serait un fort mauvais instituteur, celui-là ne vaudrait pas mieux qui, à propos du mot *monde*, entreprendrait d'épuiser ce qu'on entend par là, car « depuis que le monde est monde », ce mot a représenté bien des choses différentes : Pour l'astronome, c'est l'univers; pour le voyageur, la terre seule; pour le snob, une certaine société; pour le prêtre, les laïcs; pour une femme qui reçoit, ses invités; enfin, pour la bonne qui fait entrer, ce peut n'être qu'une seule personne : « Monsieur a *du monde* dans son cabinet ». Comment, sans se perdre, faire le tour d'un mot si vaste, et de tant d'idées qu'il éveille?

En tout il y a des gens qui ne sauront point garder la mesure.

Je ne voudrais pas les imiter, en exagérant nos ambitions, ni prétendre qu'on va désormais tout embrasser dans le cours de langue. Une observation de morale, jetée en passant, ne remplace point le cours de morale. Cet enseignement de la langue se rattache aux autres, s'y mêle, voilà tout. Mais c'est déjà là un grand bienfait.

Un des défauts principaux de l'enfant, et il n'en est pas entièrement responsable, c'est que son cerveau enferme dans des cases à part arithmétique, histoire, grammaire, etc. Quel est l'homme qui, ayant interrogé des écoliers, ne s'en est point aperçu? Un enfant reste coi, cependant il sait, mais il croit que vous l'interrogez « en autre chose ». Vous lui dites : « Mais, c'est une question de grammaire que je vous pose! » Il répond aussitôt.

Il faut faire tout le possible pour que les diverses disciplines, réunies l'une à l'autre, servent à un développement harmonique du cerveau. L'étude de la langue touche à toutes les autres, félicitons-nous de ces rencontres et mettons-les à profit. L'histoire, la morale, n'y perdront rien, le style de notre élève non plus, car moins les mots et les formes de langage seront séparées des choses, plus le style se ressentira des efforts faits par l'école pour former la jeunesse à l'observation, à la réflexion, au raisonnement. Langage, esprit, conscience, gagneront à la fois en clarté, en justesse, en sincérité.

TABLE DES MATIÈRES

534-09. — Coulommiers. Imp. PAUL BRODARD. — 6-09.

EXTRAIT DU CATALOGUE

PUBLICATIONS PÉDAGOGIQUES

ENSEIGNEMENT PRIMAIRE ◇ ENSEIGNEMENT POST-SCOLAIRE ◇ ENSEIGNEMENT SECONDAIRE DES GARÇONS ET DES JEUNES FILLES ◇ ◇ ◇ BIBLIOTHÈQUE DES MAITRES : LITTÉRATURE, MORALE, PSYCHOLOGIE, ÉDUCATION, SCIENCES.

LIBRAIRIE ARMAND COLIN
Rue de Mézières, 5, PARIS

P. 8690.

DIVISIONS DE CE CATALOGUE

PUBLICATIONS PÉDAGOGIQUES

[EN]SEIGNEMENT PRIMAIRE

Les meilleures pages des Écrivains pédagogiques, *de Rabelais au XXe siècle*. Extraits avec un avant-propos et des notes par MM. **E. Parisot**, docteur ès lettres, et **F. Henry**, directeur d'École normale. Préface de M. **Jules Payot**, recteur de l'Académie d'Aix. Un volume in-18 jésus, broché. . . . . . 3 fr.

Amiel. — Bain. — Bayet. — A. Benoist. — Bourgeois. — Boutroux. — Buisson. — Chabot. — Compayré. — Condorcet. — A. Darlu. — Dauzat. — Deries. — Dumesnil. — Dumont. — Fabens. — Fénelon. — Ferry. — Dr M. de Fleury. — Fouillée. — France. — Frœbel. — Gasquet. — Jules Gautier. — Gréard. — Guyau. — Mme Kergomard. — La Bruyère. — Lakanal. — E. Lavisse. — Lefèvre. — Le Maistre de Sacy. — Liard. — Locke. — Mme de Maintenon. — Margueritte (P. et V.). — Marion. — Michelet. — Montaigne. — Mme Necker de Saussure. — J. Payot. — Pestalozzi. — Ed. Petit. — L. Poincaré. — Quinet. — Rabelais. — E. Rabier. — Rayot. — Th. Ribot. — Rollin. — J.-J. Rousseau. — Séailles. — Spencer. — Steeg. — Tannery. — Thamin. — Ch. Wagner. — Zola, etc.

Traité de Pédagogie scolaire, précédé d'un *Cours élémentaire de Psychologie appliquée à l'éducation* et suivi de *Notions d'Administration scolaire*, par MM. **I. Carré**, inspecteur général honoraire, et **Roger Liquier**, directeur d'École normale. Un volume in-18 jésus (9e Édition, à jour), broché. . . . . 4 fr.

« Cet admirable *Traité de Pédagogie scolaire* est l'ouvrage le plus important de pédagogie pratique qui ait été écrit depuis Vessiot. Jamais on n'était entré dans un détail aussi minutieux de la pratique de l'enseignement et jamais on n'avait apporté, pour résoudre les mille difficultés auxquelles un maître se heurte à chaque instant dans sa classe, des solutions aussi efficaces, aussi sûres. C'est l'ouvrage qui reflète le mieux l'école moderne, le plus sincère et le plus vrai des traités de pédagogie. » (*Le Maître pratique.*)

Mémento du Certificat d'aptitude pédagogique, par M. **J. Trabuc**, inspecteur de l'Enseignement primaire. Un volume in-18 jésus (5e Édition, à jour), broché. . . . . 3 fr.

« Cet ouvrage renferme des conseils et des directions pratiques sur la manière de traiter par écrit une question de pédagogie ou d'éducation, quelques vues d'ensemble sur l'épreuve orale et une série de questions relatives à cette épreuve. Ce sera certainement un guide précieux pour tous les candidats. » (*Bulletin de l'Association des anciens élèves de l'École normale de la Seine.*)

L'Éducation de la petite Enfance (*Écoles maternelles et enfantines*), par Mme **Jeanne Girard**, inspectrice des Écoles maternelles de la Seine. Un volume in-18, broché. . . . . . . 3 fr.

Ce volume pourrait s'intituler « L'École heureuse ». On y demande, pour les enfants pauvres, qui fréquentent les écoles maternelles, la lumière, la bonté, la joie, la liberté de vivre en enfants que la loi du travail n'atteint pas encore.

C'est un livre dans lequel les instituteurs et les mères de famille trouveront de précieux préceptes d'éducation ; c'est un livre aussi d'actualité, puisque la question des Écoles maternelles est de celles qui préoccupent le plus aujourd'hui les hommes soucieux d'éducation sociale.

Aux Instituteurs et aux Institutrices (*Avant d'entrer dans la vie*) : conseils et directions pratiques, par M. **Jules Payot**, agrégé de philosophie, docteur ès lettres, recteur de l'Académie d'Aix. Un volume in-18 jésus (7e Édition), broché. . . . 3 fr. 50

« Le livre de M. Jules Payot respire l'allégresse et le courage. Il prend le jeune maître à la sortie de l'École normale, il l'installe dans l'école, il le met en relations avec son directeur et assiste à sa première classe ; il lui enseigne le secret de l'autorité, règle le ton de sa voix; il le plie, il le rompt à la pratique des méthodes actives ; puis il l'accompagne dans les divers actes de sa vie publique et de sa vie privée et, avec le même sens pratique, examine son rôle dans les grandes questions du temps présent... *Aux Instituteurs et aux Institutrices* est un livre d'action. » (Darlu. — *Revue pédagogique*.)

Les Idées de M. Bourru (*Délégué cantonal*), par M. **Jules Payot**. Un vol. in-18 (3e Édition), broché. . . . . 3 fr. 50

M. Jules Payot a réuni dans ce volume une série d'entretiens familiers sur les vérités essentielles de la pédagogie. Rarement cette science a été présentée avec autant de bonne humeur et de malice. Sous une forme charmante, toute pleine de bonhomie, on trouve de suggestifs conseils et mille recettes pédagogiques *vécues*. La question du patriotisme à l'école y est abordée avec une sincérité courageuse ainsi que les questions politiques touchant à la laïcité.

Les Enfants anormaux. *Guide pour l'admission des Enfants anormaux dans les Écoles de Perfectionnement*, par MM. **A. Binet**, directeur du Laboratoire de Psychologie à la Sorbonne, et le Docteur **Th. Simon**, médecin assistant au Bureau d'admission à l'Asile Clinique (Ste-Anne). Un vol. in-18 jésus, broché . . 2 fr.

Qu'est-ce qu'un anormal? Comment peut-on le reconnaître parmi les normaux avec lesquels il est confondu actuellement? Par quels caractères anatomiques se signale-t-il?

Ce sont là des questions sociales de première importance que MM. A. Binet et Th. Simon ont traitées dans ce livre, s'adressant surtout aux inspecteurs primaires, aux instituteurs, aux médecins. C'est le premier guide de ce genre qui ait été écrit; il permettra d'éviter bien des erreurs et de se garantir contre bien des fraudes.

Répertoire analytique, alphabétique et chronologique (*jusqu'en 1898*) **de la Législation et de la Jurisprudence de l'Instruction primaire,** par MM. **J. Bouffez,** inspecteur de l'Enseignement primaire, et **W. Marie-Cardine,** ancien inspecteur d'Académie. Un volume in-18, broché. . . . . 2 fr. 75

Rel. toile, tr. rouges. . . . . . 3 fr. 50

Pour se reconnaître au milieu du dédale des lois, arrêtés, circulaires, etc., adoptés, abrogés, modifiés, il faut un guide sûr qui permette de trouver promptement les textes à consulter. C'est ce guide clair, méthodique, exact, œuvre d'une longue expérience, que MM. Bouffez et Marie-Cardine offrent aux nombreux intéressés.

Législation financière de l'Instruction primaire publique : *Traitements et Indemnités du personnel*, par MM. **J. Fortemps,** sous-chef de bureau au Ministère de l'Instruction publique, et **Le Veilleur,** du journal *Le Volume*, directeur honoraire d'école à Paris. Préface de M. **Louis Gobron,** docteur en droit, chef de bureau au Ministère de l'Instruction publique. Un volume in-8° carré, broché . . . . 2 fr. 50

Il n'existait ni livre, ni brochure donnant le texte exact de la *loi de 1889-1893*, tel qu'il résulte des lois de finances des Exercices 1902 à 1906 inclusivement. Des modifications nouvelles n'étant pas prévues, il a paru opportun de publier le texte fidèle, *commenté*, de cette loi qui intéresse au plus haut point les Instituteurs et les Institutrices. Les auteurs, par leurs rapports de longue date avec le Personnel enseignant et le Personnel de l'Inspection, connaissent les points qu'il importait de mettre en lumière. — L'ouvrage de MM. Fortemps et Le Veilleur est le guide sûr, indispensable, qui manquait.

Annuaire de l'Enseignement primaire, fondé par M. **Jost,** publié sous la direction de M. **Félix Martel**, inspecteur général de l'Instruction publique. Un volume in-18, broché. . . . 3 fr.

(25 années parues, 1885 à 1909. — L'année 1885, exceptionnellement, *net* 10 fr.)

« A côté des renseignements pratiques dont l'utilité est appréciée par tous les membres de l'enseignement, nous trouvons dans cet *Annuaire* des articles de haute valeur dont la lecture sera profitable à tous, et signés des noms les plus connus.... Nous recommandons ce livre aux instituteurs et aux institutrices qui veulent se tenir au courant de ce qui se passe chez nous et à l'Étranger au sujet de l'enseignement. » (*Après l'École.*)

Agenda de l'Enseignement, formant portefeuille. In-12, cartonné . . . . 1 fr. 25

Cet *Agenda*, qui répond à la circulaire ministérielle du 14 octobre 1881, est un « carnet de préparation » destiné à recevoir les notes que les maîtres prennent avant d'entrer en classe, sur les textes, les exemples, les exercices qu'ils comptent donner.

" Le Volume ", *Journal des Instituteurs et des Institutrices* (22e Année), paraissant tous les samedis, sous la direction de M. **Jules Payot.**

Abonnement annuel (du 1er de chaque mois)

France et Colonies. . . . . . . 6 fr. | Union postale. . . . . 7 fr.
Le numéro . . . . 15 cent.

Le Volume est le journal pédagogique qui répond le plus exactement aux besoins présents de notre enseignement laïque et franchement démocratique. Son programme consiste : 1° à donner aux Maîtres les éléments pouvant leur permettre de préparer une classe intéressante, et de la préparer vite et bien; 2° à les mettre à même de remplir leur mission d'éducateurs dans toutes les œuvres post-scolaires et de jouer un rôle de *conseil* auprès des adultes.

ENSEIGNEMENT POST-SCOLAIRE

Conférences pour les Adultes, publiées sous la direction de M. **Charles Dupuy**, ancien ministre de l'Instruction publique. **2 séries :** *Chaque série*, un vol. in-12, br. . . . . 2 fr. 50

1re Série (4e *Édition*) : La solidarité, par Ch. Dupuy; — Les lectures de l'adulte, par Adr. Dupuy; — L'alcoolisme, par Gaufrès; — Distribution géographique des richesses de la France, par P. Foncin; — Notre empire colonial, par J. Chailley-Bert; — Le budget de la France, par G. Lamy; — La fortune comparée de la France et des nations étrangères, par G. Lamy; — Les actes de l'état-civil, par J. Sion; — Le suffrage universel et le vote, par J. Vieillot, etc.

2e Série (2e *Édition*) : L'aérostation, par Boucheny; — La prévoyance et l'épargne, par J. Vieillot; — Victor Hugo, par H. Pauthier; — La tuberculose, par E. Nicolas; — Michelet, par J. Favre; — Les sociétés d'assurances mutuelles contre la mortalité du bétail, par Daniel Zolla; — Le prix du pain et ses variations, par E. Ganneron; — Les châteaux et monuments de France, par J. Trabuc; — La lecture expliquée, par L. Sagnier, etc.

Littérature et Conférences populaires, par M. **Paul Crouzet**, professeur au collège Rollin. Une brochure in-16 (*Questions du Temps présent*). . . . . 1 fr.

« Tous ceux que préoccupe la grande question de l'éducation populaire liront avec fruit la brochure de M. P. Crouzet. Ils y trouveront des vues élevées et des conseils pratiques. Quiconque devra faire une conférence devant un auditoire populaire se trouvera bien d'avoir parcouru ce petit traité et réfléchi ou discuté avec l'auteur. » (G. Lanson. — *Revue Universitaire.*)

L'Art de dire *dans la Lecture et la Récitation, dans la Causerie et le Discours*, par M. **Jean Blaize.** In-18 (3e Édition), br. 3 fr. 50
Relié toile . . . . 4 fr. 50

« Le mouvement post-scolaire a suscité une légion de conférenciers, et ils seraient plus nombreux encore si beaucoup ne craignaient que leurs forces et leur habileté ne fussent pas à la hauteur de leur bon vouloir. C'est pour engager ces hésitants à triompher de leurs défiances, et aussi pour permettre aux autres d'être plus sûrs d'eux-mêmes, que M. Jean Blaize a écrit ce livre.... A accepter et à suivre ce guide qui s'offre à nous, nous pouvons tous trouver notre profit ». (*Revue pédagogique.*)

Récits à dire *et comment les dire*, par M. **Jean Blaize**. Un vol. in-18 jésus (2ᵉ Édition), broché. . . . . 4 fr.

Conseils de diction. — Récits extraits de : Chénier, Chateaubriand, Balzac Flaubert, Michelet, Lamartine, Alf. de Musset, Victor Hugo, Renan, Taine Guyau, Alph. Daudet, Em. Zola, Edgar Poë, Gogol, Korolenko, Tolstoï, P. Hervieu, H. Rosny, J. Renard, Sully Prudhomme, Catulle Mendès, Fr. Coppée J. Richepin, A. Theuriot, M. Bouchor, Alb. Samain, etc. (Chaque texte est étudié au point de vue de la ponctuation orale, des liaisons, des inflexions, du ton, du mouvement, de l'expression, du sentiment.) — Liste de plus de deux cents autres récits. — Dictionnaire de prononciation, etc.

Vers l'Idéal laïque et républicain, *à travers les plus belles pages de toutes les littératures*, recueillies et commentées par MM. **B. Maurellet**, inspecteur d'Académie, et **P. Capdeville**, inspecteur de l'Enseignement primaire. Un volume in-18 jésus, broché. . . . . 2 fr. 50

La Bible. — Homère. — Sophocle. — Aristophane. — Platon. — Démosthène. — Lucrèce. — Virgile. — Tacite. — Dante. — Rabelais. — Cervantès. — Shakespeare. — Descartes. — Pascal. — Corneille. — La Fontaine. — Molière. — Racine. — Montesquieu. — Voltaire. — J.-J. Rousseau. — Gœthe. — Chateaubriand. — Lamartine. — A. de Vigny. — Michelet. — Sully Prudhomme, etc.

Théâtre de famille (*Les petits chefs-d'œuvre oubliés*), par M. **Guéchot**. Un volume in-8 écu, broché . . . . 1 fr. 50
Relié toile . . . . . . 2 fr. 10

La foire aux fées (Lesage). — *Les oreilles frites*; — *Monsieur Sans-Gêne* (Désaugiers). — *La guérison de Pierrot*; — *A chacun ses peines*; — *Un brave*; — *Qui casse les verres les paye* (Ourliac).

Ce sont de petits chefs-d'œuvre, de véritables merveilles de fantaisie et d'observation que ces saynètes trop injustement oubliées. M. Guéchot les a adaptées avec tant de compétence qu'elles peuvent être jouées en famille avec la plus grande facilité.

Théâtre pour les jeunes filles, par M. **Maurice Bouchor**. Un volume in-18 jésus (2ᵉ Édition), broché. . . . . . . 3 fr. 50
Relié toile . . . . 4 fr. 50

Le théâtre est une récréation fort goûtée des jeunes filles qui y manifestent souvent, sans nul cabotinage, de très appréciables talents ; il contribue à développer chez elles le sens littéraire et artistique. Mais comme les pièces qu'elles peuvent interpréter sont, pour des raisons diverses, extrêmement rares, toute contribution sérieuse à ce théâtre spécial doit, semble-t-il, trouver un accueil favorable dans les milieux scolaires et familiaux. On sait avec quel rare bonheur M. Maurice Bouchor a consacré à une œuvre d'éducation son délicat et généreux talent de poète. Dans ces cinq pièces : *Nausicaa*, *la Première Vision de Jeanne d'Arc*, *le Mariage de Papillonne*, *la Belle au Bois dormant*, *Cendrillon*, l'enseignement, s'il y en a un, sort naturellement du sujet et pénètre l'auditeur sans même qu'il s'en doute.

ENSEIGNEMENT SECONDAIRE

La Réforme de l'Enseignement secondaire, par M. **Alexandre Ribot**, de l'Académie française, député, président de la Commission de l'Enseignement. In-18, br. . . . . . 3 fr. 50

« Disons tout de suite la vérité, la puissance et l'ampleur de l'ouvrage de M. Ribot. C'est une étude magistrale, aussi frappante par la clarté de l'exposition et la sévère beauté de la forme que par la sûreté, la précision et la richesse de l'information. C'est plus qu'un rapport, c'est un livre de haute pédagogie appelé à prendre place à côté des beaux rapports, devenus de beaux livres, de M. Gréard. » (*Le Temps.*)

La Réforme de l'Enseignement par la Philosophie, par M. **Alfred Fouillée**, membre de l'Institut. Un volume in-18 jésus, broché. . . . . 3 fr.

« Cet ouvrage de M. Fouillée est de ceux qui nécessiteraient une longue analyse et une discussion détaillée, tant il abonde en idées originales et neuves.... Nos maîtres des lycées et des facultés y trouveront tous des sujets de méditations et d'excellents conseils. A l'heure actuelle, ces remarquables pages sont d'une haute portée morale, civique et sociale. » (*L'Enseignement secondaire.*)

Les Études classiques et la Démocratie, par M. **Alfred Fouillée**, de l'Institut. Un volume in-18 jésus, broché. . 3 fr.

« M. Fouillée regarde la culture classique comme indispensable au maintien de la grandeur nationale. Sans que l'élévation de la pensée enlève rien à la précision des détails, il expose et soutient avec une grande force persuasive un plan d'enseignement basé sur cette culture. Ce maître-livre sera désormais le bréviaire des amis de l'enseignement classique, et leurs contradicteurs eux-mêmes ne pourront se dispenser d'en faire cas. » (*Le Temps.*)

L'Enseignement secondaire et la Démocratie, par M. **Francisque Vial**, professeur au lycée Lakanal. Un volume in-18 jésus, broché. . . . . 3 fr. 50

Ouvrage couronné par l'Académie française (Prix Bordin).

« C'est l'œuvre d'un esprit très personnel, indépendant et vigoureux... L'enseignement secondaire, selon M. Vial, doit être littéraire et philosophique, constamment et profondément moral. On rencontre beaucoup de vues originales, suggestives, de pensées fortes, de remarques fécondes, d'idées justes dans le cours de ces analyses. Ce livre est à lire : il oblige à penser et à discuter. » (G. Lanson. — *Revue Universitaire.*)

L'Université et la Société moderne, par M. **Gustave Lanson**, professeur à la Faculté des lettres de Paris. Un volume in-18, jésus, broché. . . . . 1 fr. 50

« Ce livre mérite d'être beaucoup lu. Les opinions très personnelles et modérées de M. Lanson resteront intéressantes, quelles que soient les décisions prises et les réformes consenties. C'est un des plus utiles commentaires et compléments des projets de réformes; il pourra servir de guide aussi à ceux qui auront à les appliquer ». (*L'Enseignement secondaire.*)

Esquisse d'un Enseignement basé sur la Psychologie de l'Enfant, par M. **P. Lacombe.** In-18 jésus (2e Édition), br. 3 fr.

« Il est certain que l'instruction doit être donnée à l'enfant suivant ses capacités et que l'on fait fausse route en faisant violence à ses instincts naturels. Les idées de M. Lacombe sont hardies, et elles seraient probablement fécondes si on les appliquait. » (*Bulletin critique.*)

« Cet ouvrage a le rare mérite de n'être pas un recueil de lieux communs. Il est d'une originalité profonde, d'une inspiration généreuse, pleine de sens et conçu dans un excellent esprit. » (Xavier Léon. — *Revue pédagogique.*)

De la Formation des Maîtres de l'Enseignement secondaire *à l'Étranger et en France*, par **M. Dugard.** Un vol. in-18 jésus (2e Édition), broché. . . . . 3 fr.

« Après avoir exposé les conditions de la formation des maîtres à l'étranger, M. Dugard nous renseigne sur le mode de préparation des professeurs en France. Cet examen comparatif nous met à même de juger notre propre méthode et de voir les améliorations qu'il conviendrait d'y introduire. Il n'est pas besoin d'insister sur le caractère de pressante actualité et sur le grand intérêt de ce consciencieux et judicieux travail. » (*Journal des Débats.*)

La Pédagogie au Lycée, *Notes de voyage sur les Séminaires de Gymnase en Allemagne*, par M. **Ch. Chabot,** professeur de science de l'Éducation à l'Université de Lyon. Un vol. in-18 jésus, br. 2 fr.

« M. Chabot, ayant eu une perception franche des milieux qu'il a traversés, nous en reproduit la physionomie avec l'art le plus direct et le plus nuancé. Si on s'occupe de notre enseignement, on ne peut ignorer son livre, et il faut y aller prendre une vive impression du travail des séminaires allemands. M. Chabot, par cet ouvrage, rend à la science pédagogique un service d'une rare portée. » (G. Dumesnil. — *Revue internationale de l'Enseignement.*)

Pour la Pédagogie, par M. **Georges Dumesnil,** professeur à l'Université de Grenoble. Un vol. in-18 jésus, br. . . . 3 fr. 50

Ouvrage couronné par l'Académie des Sciences morales et politiques.

« La récompense accordée à cet ouvrage a presque coïncidé avec des mesures administratives qui font, dans la préparation des futurs maîtres de nos enseignements secondaire et supérieur, une place considérable à la pédagogie. C'est là un événement d'une importance que tout le monde reconnaît et d'un caractère tout nouveau. Le livre de M. Dumesnil semble propre à jeter un jour sur le champ qui s'ouvre et où il s'agit d'entrer. » (*Revue pédagogique.*)

Pour et contre le Baccalauréat. Compte rendu et conclusions de l'Enquête de la *Revue Universitaire*, par M. **Paul Crouzet,** professeur au collège Rollin. In-8e carré, br. 1 fr. 50

Travail très clair, très méthodique, qui contient en une centaine de pages tout le bien et tout le mal qu'on a dit du Baccalauréat.

C'est dans cet ouvrage qu'il faut chercher et qu'on trouvera les éléments d'une opinion raisonnée *Pour* ou *Contre*, sur cette question dont l'importance sociale apparaît aux yeux de tous.

Congrès des Professeurs de l'Enseignement secondaire public : *Rapports généraux.*

Second Congrès (1898). 1 vol.	Cinquième Congrès (1902). 1 vol.
Troisième Congrès (1899). 1 vol.	Sixième Congrès (1903). 1 vol.
Quatrième Congrès (1900). 1 vol.	Septième Congrès (1904). 1 vol.

Chaque volume in-18 jésus, broché. . . . . 2 fr.

Revue Universitaire (18e Année), paraissant le 15 de chaque mois (sauf en août et septembre) : Éducation — Enseignement — Administration — Préparation aux Examens et Concours — Devoirs de classe — Études littéraires et historiques — Bibliographie littéraire, historique, philosophique, etc.

Abonnement annuel (du 1er de chaque mois)

France . . . . 10 fr. | Colonies et Union postale. . 12 fr

Le numéro . . . . 1 fr. 25

La *Revue Universitaire* est particulièrement destinée aux maîtres de l'Université française. Dirigée et rédigée par eux, elle réserve une place importante aux questions qui touchent aux intérêts du personnel et à celles qui se rattachent à la préparation professionnelle. Elle prend soin d'éviter les discussions pédagogiques stériles et s'attache surtout aux idées précises, bien définies, qui peuvent aboutir à des résultats pratiques. Ses *études littéraires et historiques*, son importante *bibliographie* en ont fait un instrument de travail à peu près indispensable au personnel enseignant.

ENSEIGN. SECOND. DES JEUNES FILLES

L'Éducation des Jeunes filles, par M. **Henri Marion.** Un volume in-18 jésus, broché. . . . . 3 fr. 50

« Marion a été l'un des fondateurs de l'Enseignement secondaire des jeunes filles. Toutes les parties de l'éducation des femmes et l'histoire même de cette éducation sont ici traitées dans un esprit très mesuré, très élevé et très net. C'est un ouvrage essentiel pour les mères de famille comme pour les maîtresses. » (G. Lanson. — *Revue universitaire.*)

« C'est un esprit large et libéral, surtout modéré et équilibré, qui inspire le livre de M. Marion. Cette sagesse, l'absence de toute théorie préconçue, et même d'érudition pédagogique qui fatiguerait autant qu'elle serait inutile, fait de ce livre un document précieux, dont on ne saurait se passer, quelque opinion que l'on ait sur l'éducation libérale. C'est à coup sûr, dans la vaste bibliothèque des livres traitant le même sujet, l'un de ceux qui doivent faire époque, parce qu'ici nous trouvons, à côté d'un esprit juste, une expérience acquise, et des opinions reposant sur des faits. »

(P. Monet. — *L'Enseignement secondaire.*)

Psychologie de la Femme, par M. **Henri Marion.** Un volume in-18 jésus (4ᵉ ÉDITION), broché. . . . . 3 fr. 50

« On sent dans ce livre les scrupules d'un esprit critique qui a partout fouillé en conscience, qui voudrait être assuré de ne rien omettre, et l'émotion d'un homme de cœur à qui l'éducation des femmes apparait comme l'une des plus pressantes nécessités. » (*Revue pédagogique.*)

« ...Il est regrettable que cette courte analyse oblige à omettre tant de détails heureux, de traits spirituels, de citations suggestives et à ne laisser que vaguement transparaître la courageuse loyauté, la clarté, la sincérité émue, la force persuasive de ces leçons où rayonne, dans son harmonieuse beauté, une âme d'élite. Notre littérature de psychologie morale s'est enrichie d'une œuvre qui restera. » (*Revue philosophique.*)

De l'Éducation moderne des jeunes filles, par **M. Dugard.** (3ᵉ ÉDITION). Une brochure in-16 (*Questions du Temps présent*). 1 fr.

La jeune fille moderne reçoit une double éducation : celle de l'école et celle de son milieu. Et ces deux éducations se heurtent de tous points. Quelle forme prend ce conflit, quelles en sont les suites, comment y pourrait-on remédier, telles sont les questions examinées dans ces pages avec une pénétration et une fermeté de pensée également remarquables.

Une Maison bien tenue. *Conseils aux jeunes maîtresses de maison*, par Mᵐᵉ **Marie Delorme.** In-18 (2ᵉ ÉDITION), br. 3 fr. 50
Relié toile. . . . . . 4 fr. 50

« Il faut souhaiter que ce précieux volume devienne le *vade-mecum* des jeunes maîtresses de maison. Elles y trouveront la solution de toutes les difficultés, petites et grandes, que la vie de chaque jour pose à une femme qui entend diriger effectivement le train de sa maison. Nul pédantisme d'ailleurs ; une bonne grâce aimable et une verve des plus amusantes au service du jugement le plus sûr. » (*Journal des Débats.*)

Théâtre pour les jeunes filles, par M. **Maurice Bouchor.** Un vol. in-18 jésus, broché. . . . . 3 fr. 50
Relié toile. . . . . . 4 fr. 50

Nausicaa. — La Première Vision de Jeanne d'Arc. — Le Mariage de Papillonne. — La Belle au Bois dormant. — Cendrillon.

Le théâtre est une récréation fort goûtée des jeunes filles qui y manifestent souvent, sans nul cabotinage, de très appréciables talents ; il contribue à développer chez elles le sens littéraire et artistique. Mais comme les pièces qu'elles peuvent interpréter sont, pour des raisons diverses, extrêmement rares, toute contribution sérieuse à ce théâtre spécial doit, semble-t-il, trouver un accueil favorable dans les milieux scolaires et familiaux. On sait avec quel rare bonheur M. Maurice Bouchor a consacré à une œuvre d'éducation son délicat et généreux talent de poète. Dans ces cinq pièces : *Nausicaa, la Première Vision de Jeanne d'Arc, le Mariage de Papillonne, la Belle au bois dormant, Cendrillon,* l'enseignement, s'il y en a un, sort naturellement du sujet et pénètre l'auditeur sans même qu'il s'en doute.

BIBLIOTHÈQUE DES MAÎTRES

LITTÉRATURE, HISTOIRE LITTÉRAIRE

L'Art d'écrire *enseigné en vingt leçons*, par M. **Antoine Albalat.** Un volume in-18 jésus (14e Édition), broché. . . . . . 3 fr. 50
Relié toile. . . . . . . 4 fr. 50

« L'originalité de cet ouvrage, venant après tant d'autres du même genre, c'est d'être pratique. M. Albalat a réussi à condenser, en vingt chapitres, les principes essentiels de l'art du style. C'est un professeur précieux pour qui n'en a pas eu, ou a oublié les leçons du sien. Et l'extrême abondance d'exemples, de citations, de remarques judicieuses et fines, rend son livre utile et agréable pour tout le monde. » (P. Souday. — *Le Temps*.)

La Formation du Style *par l'assimilation des Auteurs*, par M. **Antoine Albalat.** Un vol. in-18 jésus (6e Édition), br. 3 fr. 50

« La *Formation du style* est l'œuvre d'un technicien, d'un professionnel, qui serait en même temps un lettré. Ce n'est pas un traité en forme, régulier et didactique, ou un code de préceptes généraux, et encore moins un recueil, une mosaïque de citations commentées; c'est une suite de leçons, doctrinales et familières, sur l'art d'écrire, accompagnées d'un choix démonstratif. » (H. Chantavoine. — *Journal des Débats*.)

Le Travail du Style *enseigné par les corrections manuscrites des Grands Écrivains*, par M. **Antoine Albalat.** Un vol. in-18 jésus (4e Édition), broché. . . . . 3 fr. 50
Ouvrage couronné par l'Académie française (Prix Saintour).

« M. Antoine Albalat a trouvé la bonne et sans doute la seule manière d'enseigner le style. Il montre et démontre par l'exemple. En outre, comme ses exemples sont tirés de nos meilleurs écrivains, il trouve là matière à autant de chapitres de la plus ingénieuse et de la plus piquante critique littéraire. » (*Revue des Deux Mondes*.)

Petit Traité de Versification française, par M. **Maurice Grammont**, professeur à l'Université de Montpellier. Un volume in-18 jésus, broché. . . . . 2 fr.
Relié toile. . . . . . . 2 fr. 50

« Livre excellent, digne de la réputation de l'auteur, et sans doute destiné à devenir classique : les questions y sont traitées avec une précision, une vigueur et une brièveté remarquables. Il rendra surtout service de deux manières : d'abord il prend toutes les questions par l'histoire; en deux mots, nets, concis, suffisants, il constate sur chaque point l'usage primitif et ses variations essentielles. D'autre part, il nous donne une théorie non moins fine, non moins suggestive, et plus complète, plus sûre qu'on n'avait encore vu dans aucun livre de ce genre, de l'harmonie du vers français. » (G. Rudler. — *Revue Universitaire*.)

L'Explication française. *Principes et applications*, par M. **G. Rudler**, professeur agrégé au lycée Charlemagne. Un volume in-18 jésus (2e Édition), broché. . . . . 3 fr.

« C'est avec le plus vif intérêt que j'ai lu ce livre et je ne saurais trop le recommander. On y trouvera l'exposé d'une méthode raisonnée et fort bien tracée, ainsi que plusieurs modèles d'explication française qui sont de véritables leçons magistrales. » (*Bulletin de l'Université de Rennes.*)

Le Vocabulaire français : **Mots dérivés du Latin et du Grec,** par M. **I. Carré**, inspecteur général honoraire. Un volume in-18 jésus (2e Édition), broché. 4 fr. 25
Relié toile, tranches rouges. . . . . . . 5 fr. 50

Cet ouvrage constitue à la fois un instrument de travail méthodique et un instrument de recherches. Très complet et d'un maniement très commode, il s'adresse à tous ceux, qu'ils aient ou non pratiqué les langues anciennes, qui veulent étendre dans tous les sens et préciser leur connaissance du vocabulaire, trouver facilement et rapidement le sens exact et l'origine d'un mot.

Dictionnaire-manuel-illustré des Idées suggérées par les Mots, contenant *tous les mots de la langue française groupés d'après le sens*, par M. **Paul Rouaix**, professeur au lycée Henri IV. Un volume in-18 jésus (5e Édition), rel. toile, tr. rouges. . 6 fr.

« Ce livre rendra des services dans l'enseignement, en permettant aux maîtres des sortes de thèmes français qui habitueront l'élève à la connaissance du vocabulaire. Les personnes qui, soit par métier, soit par occasion, sont obligées à écrire, le consulteront avec profit, dans ces minutes d'hésitation où le mot que nous cherchons nous échappe. » (*Nouvelle Revue.*)

« Ce Dictionnaire, véritable « thesaurus » de la prose française, est un livre indispensable pour tous ceux qui écrivent. »
(*Revue des Cours et Conférences.*)

Dictionnaire-manuel-illustré des Écrivains et des Littératures, par MM. **Ch. Gidel** et **F. Loliée**, lauréats de l'Institut. In-18 jésus, *300 gravures* (2e Édition), relié toile, tr. rouges. 6 fr.

« Ce dictionnaire aisé, maniable, fournit promptement et sûrement la notion la plus exacte de la valeur de chaque écrivain, le résumé le plus succinct de l'histoire intellectuelle de chaque peuple. »
(*Revue des Deux Mondes.*)

« Sans pédantisme, en de simples notices qui sont le plus souvent des portraits, MM. Loliée et Gidel nous renseignent sur tout ce qu'il est nécessaire de savoir des littératures et des écrivains. Leur ouvrage, qui s'adresse au public tout entier, sera bientôt dans toutes les mains. » (*Revue de Paris.*)

Revue d'Histoire littéraire de la France (16e année). Recueil trimestriel publié par la *Société d'Histoire littéraire de la France.*

Abonnement Annuel (de janvier)

France. . . . . 22 fr. | Colonies et Union postale. . 25 fr.
Le numéro. . . . . 6 fr.

MORALE, PSYCHOLOGIE, ÉDUCATION

Cours de Morale, destiné aux Maîtres de l'Enseignement primaire et de l'Enseignement secondaire, par M. **Jules Payot**, agrégé de philosophie, docteur ès lettres, recteur de l'Académie d'Aix. Un volume in-18 jésus (7e ÉDITION), broché. . . . . . . 2 fr. 50
Relié toile souple. . . . . . . 3 fr.

« Ce livre d'énergie et de bonté est d'un penseur qui a vécu et lutté. C'est la doctrine solidariste et la doctrine rationaliste qu'il affirme. Pensée libre et altruisme en dehors de tout dogme : c'est là le fond du système d'inspiration nettement laïque que M. J. Payot introduit dans l'école. » (ÉDOUARD PETIT.)

« M. Jules Payot nous apporte une œuvre originale et longuement mûrie. Il évite tout dogmatisme arbitraire en posant un idéal assez large pour rallier tous les hommes de bonne volonté. Il n'a pas fait seulement un manuel excellent, il a fait un bon livre. » (GABRIEL SÉAILLES.)

La Culture morale, par M. **Dugard**, professeur au lycée Molière. Un volume in-18 jésus (5e ÉDITION), broché. . . . 3 fr.

« Voici un livre qui manquait et qui sera le bienvenu des maîtres et des élèves, de tous ceux qui apprécient plus l'exemple que la démonstration, les citations originales que les sèches analyses. Nous le recommandons aussi à ceux de nos lecteurs qui aiment les œuvres substantielles et mûries, faisant notre âme plus belle et plus forte. » (*La Lecture.*)

Leçons de Morale, par M. **Henri Marion**, professeur à l'Université de Paris. Un vol. in-18 (14e ÉDITION), broché. . . . 4 fr.

Morale théorique : La conscience morale — La loi morale — Le devoir — Les sanctions de la morale — *Morale pratique :* Devoirs individuels — Devoirs sociaux — Devoirs civiques — Devoirs de l'État envers ses citoyens — Devoirs des nations entre elles — Le droit des gens, etc. — *Conclusion.*

Cet ouvrage est plein de clarté comme la parole dont il est le reflet. Il donne, outre le fond même de l'enseignement classique en fait de morale, un résumé et des citations des plus grands moralistes. L'auteur a insisté partout avec un soin particulier sur ce qu'il importe le plus qu'un maître sache et médite pour concevoir et accomplir comme il faut sa tâche d'éducateur.

Leçons de Psychologie *appliquée à l'Éducation*, par M. **Henri Marion**. Un vol. in-18 jésus (13e ÉDITION), broché. . . 4 fr. 50

Pour compléter la culture générale des intelligences et les faire remonter aux sources vives de la pédagogie, un enseignement véritable est nécessaire, ample et clair, simple à dessein, familier à l'occasion, et autant que possible vivant. Ces qualités étaient le propre de l'enseignement d'Henri Marion ; elles survivent entièrement dans ce livre.

Le Corps et l'Ame de l'Enfant, par M. le Dr **Maurice de Fleury.** Un vol. in-18 jésus (8e Édition), broché. . . . . 3 fr. 50
Relié toile. . . . . . 4 fr. 50

Exercices physiques. — L'alimentation. — Le bain; le vêtement. — La chambre à coucher; le sommeil. — Les vacances. — Le cerveau de nos enfants. — Les facultés de l'âme; le libre arbitre chez l'enfant. — L'énervement. — Comment on soigne la colère. — L'enfant peureux. — Les paresseux. — Les enfants tristes. — Sur le mensonge. — L'obéissance et l'initiative. — Les punitions. — Sur l'excès de tendresse. — La chasteté. — Conclusions.

Nos Enfants au Collège (*Le Corps et l'Ame de l'Enfant*), par M. le Dr **Maurice de Fleury.** In-18, (2e Édition), br. . . . 3 fr. 50

Le choix d'une école. — Au réfectoire. — Le dortoir; la propreté. — Récréations et gymnastiques. — L'infirmerie et le médecin du lycée. — La question du surmenage. — De la surcharge des programmes. — L'esprit scientifique. — De la nécessité d'enseigner l'hygiène. — Psychologie de l'écolier. Du bon et du mauvais vouloir chez l'écolier. — De l'inattention et de son traitement. — Les vertus de l'émulation. — L'enseignement de la morale. — Formation du caractère. — La générosité. — L'amour du vrai. — Conclusions.

Maîtres et Parents. *Étude et Enquête sur la coopération de l'École et du Lycée avec la Famille*, par M. **Paul Crouzet,** professeur au collège Rollin. Un vol. in-18 jésus, broché . . . 3 fr. 50
Ouvrage couronné par l'Académie française (Prix Montyon.)

Maîtres et parents s'entendent-ils, oui ou non, en vue de la meilleure éducation possible des enfants? Tel est le grave problème que s'efforce de résoudre M. Crouzet, après une minutieuse enquête de quatre années : étude complète, théorique et pratique pour tous les enseignements, la plus propre à provoquer chez tous les plus suggestives réflexions.

ÉDUCATION CIVIQUE, PHILOSOP

Manuel républicain de l'Homme et du Citoyen, de **Charles Renouvier.** — *Nouvelle édition*, avec une notice sur Ch. Renouvier, un commentaire et des extraits de ses œuvres, par M. **G. Thomas,** prof. au lycée de Pau. Un vol. in-18, br.. . . . . 3 fr. 50

Ce livre, composé par l'un de nos plus grands penseurs, était destiné à instruire de leurs devoirs et de leurs droits les citoyens de 1848. Il avait le mérite de faire précéder la pratique républicaine d'une théorie aussi simple que forte des principes auxquels doit se reporter le gouvernement du peuple par lui-même. On peut dire qu'il est encore d'une urgente actualité.

Les Affirmations de la Conscience moderne, par M. **Gabriel Séailles.** Un vol. in-18 jésus (3e Édition), br. 3 fr. 50

« Le nom de l'auteur suffirait à recommander ce livre à ceux qui, dans une phrase harmonieuse, cherchent une pensée. Mais il faut que le présent ouvrage soit signalé au grand public. Il traite d'un sujet qui ne doit laisser personne indifférent, et il le fait sur un ton qui concilie le respect de toutes les convictions avec la hardiesse de toutes les libertés. » (*R. de Paris.*)

Éducation ou Révolution (*Les Affirmations de la Conscience moderne*), par M. **Gabriel Séailles**. Un vol. in-18 jésus, br. 3 fr. 50

Après avoir, dans les *Affirmations de la Conscience moderne*, précisé l'idéal laïque qui remplace dans la pensée contemporaine les dogmes abolis, M. Gabriel Séailles tend à montrer que, pour réaliser cet idéal, il faut que la démocratie soit essentiellement et avant tout une éducation. De quel esprit doit s'inspirer cette éducation, sur quels principes elle s'appuie, c'est ce qu'il expose ici en des pages de haute et sereine raison, éloquentes sans rhétorique, et qui s'imposent au cœur et à l'esprit avec une remarquable puissance.

Solidarité, par M. **Léon Bourgeois**. Un vol. in-18 jésus (6ᵉ ÉDITION), broché. . . . . 3 fr.

« Cette thèse de M. Léon Bourgeois, si simple et si forte en sa nouveauté, obtint un grand retentissement lors de sa publication en 1898. Depuis, l'auteur n'a laissé passer aucune occasion de préciser, de compléter sa doctrine. Il a ajouté au texte primitif des morceaux inédits qui en augmentent encore la haute portée et l'intérêt considérable. » (*Le Temps.*)

Les Conditions du Bonheur, par M. **Paul Souriau**, professeur à l'Université de Nancy. Un vol. in-18 jésus, br. . 3 fr. 50

Les conditions personnelles du bonheur : éléments; évaluation; conditions physiologiques et psychologiques; le bonheur normal; la vie intérieure. — *La vie de famille* : la famille; le mariage; les parents; les enfants. — *Les conditions sociales du bonheur* : la civilisation et le bonheur; le bonheur et la moralité; la religion et le bonheur.

« C'est en philosophe qui a suivi les récents progrès de la psychologie des émotions et des sentiments et l'évolution de la société que M. Souriau reprend l'examen de la vieille question du bonheur. Il croit le bonheur possible, le bonheur que l'on mérite par l'effort, le bonheur que l'on partage avec ses semblables, le bonheur qui sait se sacrifier à la vérité et à la justice. » (*Revue de Paris.*)

La Mutualité. *Ses principes, ses bases véritables*, par M. **F. Lépine**, inspecteur de l'Enseignement primaire. In-18, broché. 3 fr. 50

« M. F. Lépine apporte dans son livre un esprit nouveau. Ce sont des vues d'avenir qu'il expose avec une indéniable et profonde connaissance des questions de la mutualité. Tous ceux qu'intéressent les solutions à donner aux problèmes soulevés par l'administration des Sociétés de secours mutuels devront lire très attentivement cet ouvrage. » (*Journal des Débats.*)

L'Enseignement professionnel en France (*Son histoire, ses différentes formes, ses résultats*), par M. **J.-B. Paquier**, docteur ès lettres, ancien professeur d'histoire au lycée Saint-Louis. Un vol. in-18, broché. . . . . 3 fr. 50

« Dans cet ouvrage d'une fort intéressante et solide documentation, l'auteur nous donne l'histoire de l'enseignement professionnel en France; il le compare successivement avec celui qui est donné en Angleterre, en Allemagne, en Suisse, en Belgique et au Japon. Enfin, dans une conclusion magistrale, il explique comment on arrivera à constituer « avec l'artisan des villes et le paysan des campagnes élevés dans le même esprit, et comme retrempés par une éducation vigoureuse, une saine et forte démocratie.» (*Le Figaro.*)

Les Sociétés coopératives de consommation, par M. **Charles Gide,** professeur d'Économie sociale à la Faculté de droit de Paris. Un volume in-18, relié toile souple. . . . . . 2 fr. 50

« L'auteur a voulu « expliquer aussi clairement que possible ce que c'est qu'une société coopérative de consommation, comment elle vit, ce qu'elle fait, ce qu'elle veut, quelles ambitions la travaillent, quelles préoccupations la tourmentent, quelles dissensions la ruinent ». Son ouvrage sera un instrument remarquable de propagande. » (Ch. Guieysse. — *Pages libres.*)

Discours à des Enfants, par M. **Ernest Lavisse,** de l'Académie française. Une brochure in-18. . . . . 1 fr.

L'école laïque. — L'histoire à l'école. — La patrie. — L'égalité des filles et des garçons.

Aux jeunes gens, *Quelques conseils de morale pratique,* par M. **P. Malapert.** Un vol. in-18 jésus (5e Édition), broché. 2 fr.

Ouvrage couronné par l'Académie des Sciences morales et politiques.

« Que les professeurs des hautes classes, que les administrateurs de nos établissements d'enseignement lisent ces pages ; qu'ils réfléchissent à l'utilité, à l'opportunité de semblables conseils : qu'ils en fassent part à leurs élèves... Je voudrais voir ce petit volume de morale vraiment pratique, dans toutes les bibliothèques des classes supérieures. » (*Bulletin critique.*)

Les Écrivains politiques du XVIIIe siècle (*Extraits*), par MM. **Albert Bayet** et **F. Albert.** Un volume in-18, broché. 3 fr.

MM. Bayet et Albert se sont proposé de rendre plus accessible au grand public cette philosophie politique du XVIIIe siècle d'où sortit la Révolution française. Leur ouvrage comprend, avec une ample et riche introduction, des extraits de Bayle, l'abbé de St-Pierre, Montesquieu, Voltaire, l'Encyclopédie, Diderot, Helvétius, d'Holbach, J.-J. Rousseau, Mably, Turgot, Raynal, etc.

Les Écrivains politiques du XIXe siècle (*Extraits*), par MM. **Albert Bayet** et **F. Albert.** Un vol. in-18 broché. . . 3 fr.

Le nouvel ouvrage de MM. Bayet et Albert nous offre, en un ample tableau, les aspects les plus caractéristiques des grandes doctrines de la philosophie politique de notre temps. De Condorcet à Edgar Quinet, les auteurs nous présentent successivement Mme de Staël, Babeuf, J. de Maistre, Benjamin Constant, Saint-Simon, Fourier, Auguste Comte, Prud'hon, Louis Blanc, etc.

Pages éparses, par M. **Louis Liard,** membre de l'Institut, vice-recteur de l'Académie de Paris. Un vol. in-18 jésus, broché. 3 fr.

« La multiplicité des sujets traités donne à ce livre une variété des plus agréables. Tour à tour s'élevant, à propos de Pasteur, à de hautes considérations philosophiques ; prenant ailleurs, pour parler des Universités, le ton de la plus large pédagogie, ce volume est de nature à intéresser non seulement les maîtres de nos divers degrés d'enseignement, mais aussi les élèves des classes supérieures. Il contient des leçons de morale, de démocratie ou d'humanité d'une haute portée. » (*L'Enseignement secondaire.*)

Le Vocabulaire philosophique, par M. **Ed. Goblot**, prof. à l'Université de Lyon. In-18, rel. toile, tr. rouges . . . . . 5 fr.

« Il arrive souvent que l'étudiant, le professeur même, sont arrêtés au cours d'une lecture d'un ouvrage de philosophie par des mots dont le sens précis leur échappe. Le *vocabulaire* de M. Goblot y pourvoira.... Rédigé dans une langue claire et simple, résumant brièvement tout en n'omettant rien, il présente des qualités particulièrement remarquables. » (*Revue de Philosophie.*)

Vocabulaire-manuel d'Économie politique, par M. **A. Neymarck**, ancien président de la Société de statistique de Paris. Un volume in-18 jésus, relié toile, tranches rouges. . . . 5 fr.

« M. Neymarck a réuni ici un certain nombre de définitions, de citations, d'indications se rapportant à l'étude de la science économique, et il a réussi à éclairer ce qui pouvait sembler obscur dans les savantes encyclopédies. Nous ne saurions trop recommander cet ouvrage à tous ceux qui, par goût ou profession, étudient l'économie politique et les finances. » (*Le Temps.*)

Revue de Métaphysique et de Morale (17e Année), paraissant tous les deux mois : Métaphysique — Morale — Sociologie — Philosophie des sciences — Logique scientifique — Études critiques, etc. — Secrétaire de la rédaction : M. **Xavier Léon.**

Abonnement annuel (de janvier)

France. . . . . 12 fr. | Colonies et Union postale. . . 15 fr.
Le numéro . . . . 3 fr.

Bulletin de la Société française de Philosophie (9e Année), paraissant chaque mois, de janvier à août. — Administr : M. **Xavier Léon.** — Secrétaire gal : M. **André Lalande.**

Abonnement annuel (de janvier)

France . . . . 8 fr. | Colonies et Union postale. . . 10 fr.
Le numéro. . . . . 1 fr. 50

Les abonnés à la *Revue de Métaphysique* ont droit à une réduction de 2 fr. sur le prix de l'abonnement au *Bulletin de la Société française de Philosophie*.

SCIENCES — MANUELS DIVERS

La Lutte contre les Microbes, par M. le Dr **Etienne Burnet**, de l'Institut Pasteur, chef du service de la vaccination de la Ville de Paris. Un volume in-18 jésus, broché. . . . . 3 fr. 50

Cancer — Tuberculose — Maladie du sommeil — Tétanos — Entérite et microbes intestinaux — Variole et vaccine : l'œuvre de Jenner.

« Le Dr Etienne Burnet joint à un rare talent d'exposition une connaissance approfondie des questions qu'il traite; il ne s'agit pas ici d'une vulgarisation superficielle; à l'exposé des faits se mélangent des suggestions intéressantes et neuves et, pour être accessible à tous, le livre n'en sera pas moins lu avec profit par les spécialistes. Les divers sujets choisis sont à la fois « actuels » et représentatifs des méthodes diverses de la médecine expérimentale, telles que les pratique l'Institut Pasteur. » (*Revue du Mois.*)

Hygiène, par M. le Dr **J. Weill-Mantou,** secrétaire de la Commission permanente de préservation contre la Tuberculose, au Ministère de l'Intérieur. Un vol. in-18 (2e ÉDITION), br. . 3 fr. 50

Maladies infectieuses : microbes, stérilisation, désinfection, asepsie et antisepsie, vaccin, tuberculose, bacille, prophylaxie. — Air et respiration. — Lumière. — Eau. — Boissons. — Aliments. — Hygiène de la personne. — Vêtements. — Hygiène de l'habitation. — Hygiène scolaire, etc.

Notions élémentaires d'Hygiène pratique, par M. le Dr **Galtier-Boissière.** Un vol. in-18, *270 gravures et 8 planches en couleur* (9e ÉDITION), broché. . . . . 3 fr. 50
Relié toile. . . . . 4 fr.

Cet ouvrage est un *vade-mecum* familial où l'on trouve tous les renseignements de médecine usuelle, les recettes pharmaceutiques indispensables, un résumé des soins et précautions concernant les asphyxiés et les noyés, des indications précieuses pour reconnaître les falsifications alimentaires, etc. C'est une exposition claire et nette des règles élémentaires de l'hygiène.

L'Enseignement de l'Anti-alcoolisme, par M. le Dr **Galtier-Boissière.** Un volume in-18 jésus (5e ÉDITION), broché. 1 fr. 50

Livre assez simple et assez clair pour convenir à un enseignement populaire, mais suffisamment documenté pour intéresser les lecteurs d'une culture différente, trop souvent ignorants de cette question de l'alcoolisme.

Manuel de Gymnastique éducative et corrective, par M. le **Lt-Cel Dérué,** inspecteur de l'éducation physique dans les écoles de Paris, et le Dr **É. Laurent,** médecin inspecteur des écoles de Paris. Un vol. in-18 (4e ÉDITION), *71 figures*, rel. toile. 1 fr. 50

« MM. Dérué et Laurent ont mis en commun, l'un sa science parfaite de l'anatomie et de la physiologie du corps humain; l'autre son expérience consommée de la gymnastique et des armes, tous les deux leur habitude de l'enseignement, et ils ont composé une œuvre complète, dans le cadre d'une méthode rigoureuse et attrayante. » (*Annales politiques et littéraires.*)

La Pratique des Affaires (*Droit civil et Droit fiscal*), par M. **P. Régis,** ancien sous-inspecteur de l'enregistrement de 1re classe, receveur des actes civils et successions à Sens. — NOUVELLE ÉDITION (5e) *mise au courant de la Législation.* — Un vol. in-18 de 500 pages, relié toile, tranches rouges. . 5 fr.

Cet ouvrage est écrit sous forme de dictionnaire. Il a pour but, en suppléant aux traités de droit civil et à l'entremise des officiers ministériels, de permettre à chacun de faire lui-même au moins ses affaires les plus simples : bail, vente, échange, hypothèque, testament, etc., etc. Il s'adresse donc au public en général, à tous ceux qui débutent dans l'étude et la pratique du droit, et tout particulièrement aux personnes appelées à donner des conseils dans les affaires : maires, instituteurs, secrétaires de [illegible]ie, experts, etc.

Dictionnaire-manuel-illustré de Géographie, par M. **A. Demangeon**, professeur adjoint à la Faculté des lettres de l'Université de Lille, avec la collaboration de MM. J. Blayac, Is. Gallaud, J. Sion, A. Vacher. Un volume in-18 jésus, avec *cartes* et *gravures*, relié toile, tranches rouges. . . . . 6 fr.

Nomenclature des noms de lieux; — des voyageurs, explorateurs et géographes. — Définitions de physique terrestre, de météorologie, de morphologie; — de géographie botanique, zoologique et humaine; — de géographie industrielle, commerciale, maritime et politique. — Définitions de cartographie.

Dictionnaire-manuel-illustré des Sciences usuelles, par M. **E. Bouant**, professeur agrégé au lycée Charlemagne. Un vol. in-18 (8e Édition), *2500 gravures*, rel. toile, tr. rouges. . . 6 fr.

Astronomie. — Mécanique. — Physique. — Météorologie. — Chimie. — Biologie. — Physiologie. — Zoologie. — Botanique. — Géologie. — Minéralogie. — Médecine. — Hygiène. — Agriculture. — Industrie. — Art militaire, etc.

Dictionnaire-manuel-illustré des Connaissances pratiques, par M. **E. Bouant**. Un volume in-18 jésus (5e Édition), *1600 gravures*, relié toile, tr. rouges. . . . . 6 fr.

Médecine pratique. — Économie domestique et rurale. — Jardinage. — Chasse. — Pêche. — Cuisine. — Recettes pratiques. — Jeux. — Sport. — Villes d'eaux et de bains de mer. — Savoir-vivre. — Législation usuelle. — Administration. — Finances. — Assurances. — Écoles spéciales. — Professions et Métiers.

Dictionnaire-manuel-illustré d'Agriculture, par M. **Daniel Zolla**, professeur à l'École nationale d'Agriculture de Grignon, avec la collaboration de MM. J. Tribondeau, Charvet, Ch. Julien et Carré. Un vol. in-18 jésus, *1900 gravures*, rel. toile, tr. rouges. 6 fr.

Agriculture. — Arboriculture. — Horticulture. — Sylviculture. — Viticulture. — Élevage : animaux domestiques et oiseaux de basse-cour. — Abeilles. — Vers à soie. — Insectes. — Maladies des animaux et des plantes. — Engrais. — Constructions rurales. — Législation usuelle. — Industrie agricole.

Album agricole (32 leçons avec texte en regard des planches contenant *600 figures*), publié sous la direction de M. **D. Zolla**, professeur à l'École nationale de Grignon, par MM. A. Jennepin et Ad. Herlem. Un album in-4° carré (4e Édition), cart. 2 fr. 25

Le sol. — La plante. — Fertilisation du sol. — Les eaux. — Matériel agricole. — Céréales; culture et usages. — Prairies naturelles. — Prairies artificielles. — Plantes-racines. — Plantes à tubercules. — Plantes industrielles. — Animaux domestiques. — Pisciculture. — Sériciculture. — Horticulture. — Culture potagère. — Plantes pour boissons. — Jardins d'ornement. — Plantes médicinales. — Économie rurale.

Revue générale des Sciences pures et appliquées (20e Année), paraissant les 15 et 30 de chaque mois. — Directeur : M. **Louis Olivier**, docteur ès sciences.

Abonnements (du 15 de chaque mois)

Six mois : Paris	13 fr. 50	*Un an* : Paris	25 fr.
— Dép. et Alsace-Lorr.	14 fr. 50	— Dép. et Alsace-Lorr.	27 fr.
— Colon. et Union post.	15 fr. 50	— Colon. et Union post.	30 fr.

Le numéro . . . . 1 fr. 50

Annales de Géographie (18e Année), publiées sous la direction de MM. **P. Vidal de la Blache**, **L. Gallois** et **Emm. de Margerie**, assistés d'un Comité de patronage; paraissant les 15 janvier, 15 mars, 15 mai, 15 juillet et 15 novembre. (Les abonnés reçoivent gratuitement la *Bibliographie géographique annuelle* qui paraît le 15 septembre.)

Abonnement annuel (de janvier)

France. . . . . 20 fr. | Colonies et Union postale. . . 25 fr.
Chaque numéro, 4 fr. — *Bibliographie géographique de l'année courante*, 5 fr.

Chaque année des *Annales de Géographie* forme un vol. in-8, br. Prix. 20 fr.
La *Première année* est incomplète; les *6e*, *7e*, *8e*, *9e* et *12e années* ne sont pas vendues séparément.

Première table décennale des *Annales de Géographie* (1891-1901). In-8°, br. 4 fr.
Bibliographies de 1893 à 1907 (sauf celle de 1896, *épuisée*) : chacune. 10 fr.

ENQUÊTES ET INFORMATIONS

L'ÉDUCATION ET LA SOCIÉTÉ EN ANGLETERRE

Ouvrage couronné par l'Académie française

L'Éducation des classes moyennes et dirigeantes en Angleterre, par M. **Max Leclerc**, avec un avant-propos par M. E. Boutmy, de l'Institut. Un vol. in-18 (5e Édition), br. 4 fr.

« M. Max Leclerc a cherché ce que font la famille, l'État, l'école pour former les classes qui constituent l'élite politique, intellectuelle, industrielle, commerciale de l'Angleterre et qui ont fait la grandeur prodigieuse de ce petit pays. Le résultat de cette enquête, poursuivie avec une patience et une sagacité rares, est bien fait pour troubler les idées de la pédagogie continentale. » (*Revue de Paris.*)

Les Professions et la Société en Angleterre, par M. **Max Leclerc**. Un volume in-18 jésus (3e Édition), broché. . . . 4 fr.

« Ce livre de M. Max Leclerc est une remarquable contribution à cette science nouvelle que les Allemands appellent la psychologie des peuples. Je crois qu'en France on n'a jamais rien écrit de plus pénétrant et de plus réfléchi sur les mœurs et le caractère des Anglais. » (*Journal des Débats.*)

PUBLICATIONS DU MUSÉE PÉDAGOGIQUE
(Nouvelle série.)

I. H. Bornecque. — L'Enseignement des langues anciennes et modernes dans l'Enseignement secondaire des garçons en Allemagne. (*Épuisé*).

II. Ch.-V. Langlois. — La préparation professionnelle à l'Enseignement secondaire. (*Épuisé*).

III. V.-H. Friedel. — Traitements des instituteurs et des institutrices à l'étranger. Un volume in-8, broché. . . . . 3 fr. 50

IV. M. Pellisson. — Les œuvres auxiliaires et complémentaires de l'École en France. Un volume in-8, broché . . . . 3 fr.

V. Ch. Seignobos. — Le régime de l'Enseignement supérieur des lettres: *analyse et critique*. Un volume in-8, broché. . . . . 1 fr.

VI. *Conférences du Musée pédagogique, 1904* : L'Enseignement des sciences mathématiques et des sciences physiques, par MM. Henri Poincaré, G. Lippmann, L. Poincaré, P. Langevin, Emile Borel, F. Marotte. (*Épuisé*).

VII. F. Marotte. — L'Enseignement des sciences mathématiques et des sciences physiques dans l'Enseignement secondaire des garçons en Allemagne. In-8, broché. . 2 fr. 50

VIII. *Conférences du Musée pédagogique, 1905* : L'Enseignement des sciences naturelles et de la géographie, par MM. F. Le Dantec, E. Mangin, F. Péchoutre, L. Caustier, P. Vidal de La Blache, P. Gallois, L. Dupuy. In-8, br. 4 fr.

IX. M. Pellisson. — Les bibliothèques populaires à l'étranger et en France. In-8, broché. . . . . 3 fr.

X. *Conférences du Musée pédagogique, 1906* : L'Enseignement de la grammaire, par MM. V. Henry, F. Brunot, H. Goelzer, L. Sudre, Ch. Maquet. In-8, broché. 3 fr. 50

XI. A. Panthier. — Enquête historique sur l'Ens. manuel dans les écoles non techniques. In-8, br. 3 fr. 50

XII. *Conférences du Musée pédagogique, 1907* : L'Enseignement de l'histoire, par MM. Ch. Seignobos, Ch.-V. Langlois, L. Gallouédec, M. Tourneur. In-8, br. . 3 fr. 50

XIII. W. Münch. — Réformes possibles et impossibles dans l'Ens. secondaire en Allemagne. In-8, br. 1 fr.

XIV. *Conférences du Musée pédagogique, 1908* : L'Enseignement du dessin, par MM. Guébin, A. Keller, G. Quénioux, P. Cathoire, L. Francken. In-8, broché. . . . 3 fr. 50

Le Musée pédagogique (1879-1904). *Historique et régime actuel*. In-8, br. 1 fr.

Catalogue des Manuscrits *conservés à la Bibliothèque du Musée pédagogique* :
1re partie, par M. M. Pellisson. In-8 broché. . . . . 50 cent.
2e partie, par MM. E. Adenis et H. Chervet. In-8, broché. . . 50 cent.

Catalogue des Publications relatives à l'Enseignement, *faites à l'occasion d'Expositions universelles, conservées au Musée Pédagogique*. (2e édition mise au courant par M. H. Chervet). In-8, broché. . . . . 1 fr.

TABLE DES OUVRAGES

1306-08. — Coulommiers. Imp. PAUL BRODARD. — 1-09. (N° [illegible]).